自分を
傷つけながら
生きるなんて、
あんた
どれだけドM
なの？

堀ママ

ダイヤモンド社

はじめに

やだ、本開いてくれたのね。
ありがと♡

こんなタイトルの本を手に取ったってことは、無理を重ねながら、日々がんばってるんだと思うわ。あるいは、だるさやしんどさ、生きづらさを感じながら毎日職場に通ったり、家事をしてるかもしれない。

恋人や夫とよい関係が築けなかったり、職場でもうまくいかなかったり。
恋活や婚活でも運命の相手にめぐり会えなかったり、やっとの思いで結婚したら、妊活にがんばることになり、次にワンオペ育児に追われ、しあわせに生きたいと思ってやってきたのに、どうしてこんなにしんどい人生になっちゃってるんだろう、わたし……。

今の自分を変えたい。

少なからずそんなふうに思ってるんじゃないかしら。

もしそうなら、あたしに任せてちょうだい。


はじめまして、堀ママよ。

こんなオネエで書いてるから伝わってると思うけど、あたし、ゲイです。

ついでに言うと婦人科が専門で女性の漢方相談を20年してきたわ。

延べ件数で言うと5万件は超えてるわね。

生理痛、子宮内膜症、不妊症、乳がんといった女性の病気から、体のいろんな不調や悩み、心の悩み、はては恋愛問題、婚活まで、ほんっとたくさんの女性のいろんな悩みを解決してきたの。


あたしの豊富な経験と科学的なデータに基づいて言わせてもらうと、いろんな不調、悩みって、すべて小さなボタンの掛け違いから起きてるわ。

いわゆる「社会の普通」ってあるでしょ?

男女が好きになってあたりまえ。

結婚してあたりまえ。

子どもがいないといけない。

ひとりっ子だったらかわいそう。

浮気しちゃいけない。

お金があって、いい会社に入るのが勝ち組。


まわりに求められてることに、好きで従うならいいけど、そうでないなら生きづらくなるばかり。

まっさかさまに堕ちてデザイアって感じよ。*1

炎のように自分が燃えて、消し炭になっちゃうわ。


だから気づいてほしいの。

うまくいかない
生きづらい
不調があってしんどい

あなたがそう感じてるなら、もともとの原因は「無理」にある。

たくさんの無理を重ねて、いまの現実ができてしまってるの。

日々、たくさんしてる「無理」をやめていく。

そうすると、すっごく楽に生きられるようになるし、いろんなことがうまくいくようになるわ。

あたし、断言してもいい。


でもね、無理ってやめられないのよ。

変わろうとしてもなかなか変われないし、やっぱり無理を重ねちゃうでしょ？


あたしたち、そういうふうに教育されてきたんだもの。

学校でも目標に向かって努力する、がんばることを教わるわ。

成績順で評価されて、受験があって、レベルに合わせて学校を選んで、就職活動をして、また選別されて。就職したらしたで、また目標設定があって、成果を求められる。

恋愛でも、結婚でも、相手のためと思って無理をして。

子どもができたら子どものために無理をする。

まわりのひとと比べながら、負けないように劣らないように一生懸命がんばっちゃう。

これが心と体に刻み込まれて、無意識に無理してがんばるようにできちゃってるから、やめられないのよ。


染み付いた無理をやめるには、順番と方法があるわ。

最初に心を変えようとすると失敗する。

体から変えるの。

いきなり大変なことはしなくていいわ。
小さな変化を積み重ねることが、大きな変化につながるから。
え？
積み重ねることも続けることも苦手ですって？
大丈夫よ。
あなたが続けられないのにも、理由があるのよ。
ちゃんとやり方もあるわ。

さ、あたしと一緒にしあわせになるレッスンはじめましょ。

堀ママ

＊1

中森明菜14枚目のシングル「DESIRE ―情熱―」。明菜のシングルでは初めて阿木燿子《あぎようこ》が作詞してるんだけど、さすがよね。「ボブのウィッグとハイヒール、そして着物ふうの衣装、さらに歌のはじめのバーニンアァァァと歌い上げにしびれまくりなの。当時のナウなヤング（あたし含む）の心はわしづかみだったわ」

目次

はじめに　001

第1章

恋と結婚の不条理は、本能で制すの

アラサー、独身、彼氏なしで三重苦を背負ったですって？　016

不倫って、当人たちの問題よね　021

恋愛したい相手と結婚したい相手、進化的に見て違うの。どっちも大事よ　026

ダメな男ばっかり寄ってくるですって？　030

相手を責める男は自分自身の弱さを隠してるのよ　034

束縛系彼氏はＤＶ化しやすいわ　038

恋する脳って、しあわせホルモンが減ってるのよ 042
ひとめぼれは自然の摂理なの 046
体めあての男ばかり寄ってくるのには理由があるわ 050
男は焼き肉で落とすのよ 054
おはようからおやすみまで、ＬＩＮＥしてるの！ 058

第２章

生理とＳＥＸを味方につけなさい

生理とセックスの痛みは、体も心も傷つけてるの 064
排卵期は浮気したくなる傾向があるから、気をつけるのよ 068
排卵期に嫌なことはしないの 072
朝に顔がむくむなら、肺が弱ってるのよ 076
生理痛で仕事してるって、あんたどれだけドＭなの？ 080
更年期の本来の意味を知ってちょうだい 084

性は人間の社会生活すべてを作動させる点火装置よ 088
生理前にイライラするのは、あたりまえだと思ってるの？ 092
正常位でセックスができる動物って人間くらいよ 096
更年期って熱中症リスクが高いわ 100
おりものが多いなら、まずは胃腸を治しなさい 104
足元から来るのよ 108
生理の時のレバーみたいな塊が、デトックスですって?! 112
ウォシュレットのビデは使いすぎに気をつけなさい 116
あたし、たるみたくないの 120

第3章 体を変えれば人生も変わるわ

サラダ＝ヘルシーは間違いだわ 126
願い事は口にするのよ 130

第4章

大丈夫。しあわせは選んで作れるの

便秘は子宮の重りだわ 134
1日水2L飲んで体調崩すひとが出てるわ 138
好転反応って言葉にだまされちゃダメよ 143
白湯もたくさん飲むと冷えるわ 147
冬にホットヨガはやめなさい 151
生年月日からわかるのは運勢だけじゃないのよ 156
美味しいは裏切らないわ 160
ランニング女子は、たるむから気をつけなさい 164
プロテインって悪玉菌のエサなのよ 168
しんどい時は休みましょ 172
毎日うがい薬でうがいは、おすすめしないわ 176
体の冷えにも、心の冷えにもココアよ 180

普通なんてどうでもいいわ　186
人生しんどい時は、「さぁ、眠りなさい」　190
必殺！　微笑がえしバリア　194
「太った？」　その一言に軽く殺意だわ　199
自分が散らかしたのなら、まだいいのよ　203
もっと生きるハードル下げてよくない？　207
不幸の反対が幸福じゃないわよ　211
いいとこ取りって、できないのよ　216
どうしたいかわからないひとのために、魔法の質問よ　220
自分が一番恐れて隠していることが宝物かもしれないわ　224
おわりに　229

第1章

恋と結婚の不条理は、本能で制すの

アラサー、独身、彼氏なしで三重苦を背負ったですって？

そんなこと、さも大変そうに言われても全然響かないわ。
あたしなんてそれを上回るアラフィフ、独身、彼氏なしの三重苦よ！
なんてつい年齢であたしの方が大変マウンティングしちゃったりしないかしら。

＊＊＊

自分の悲惨さ、大変さをアピールして上位に立とうだなんて、まさにBBAじゃない。
あたしとしたことが反省だわ。
ただし間違えないで。あくまでもBBAはビューティフル ブリリアント エイジの略
だから、そこんとこヨロシクよ。
うふ、この表現たまたま見つけて気に入ってるの。うふふ。

自分がどんな状況にあるかは、自分がどんな人間かを決める大きな要素よね。

若いか、年を重ねているか。
美しいか、美しくないか。
男がいるのか、いないのか。
結婚しているのか、してないのか。
子どもがいるのか、いないのか。

自分という人間は、社会的ないろいろなステイタスで規定されてる部分が多いのよ。
それは意識的だったり、無意識だったりもするけど、ひとからどう見られてるかで意外と自分自身と他人を縛ってたりするのよね。

ただ一方で、そういう属性とは全く違った基準もあるわ。
やさしさ、おおらかさ、未来志向、慎重さ、コミュニケーションなど、ステイタスでひとと比べるのではなくて、自分がどういう人間か自分のものさしで測るの。

社会的なステイタスとは違って、いくらでも自分なりの見方で変化させることができる。自分がどういう人間かを見る視線を変えることは、自信にもつながるわ。

そしてその自信は、もっともっと楽に生きていけるように自分を解放していくなによりの力なのよね。


え？　その自信がなくて困ってるですって。

大丈夫よ、あなたはその方法を知らないだけだわ。

自信はね、心の持ちようだけでは変わらないのよ。

実績を積み上げて、成功してもダメよ。実績で積み上げた自信は、実績が崩れたらいともカンタンに崩れ落ちちゃう。


なぜだかわからないけど、自信が持てないでいるでしょう？

根拠がないのに漠然とした不安が湧き上がってるでしょ？

それは、体から湧き上がる不安なの。

心の悩みを心で解決しようとしてもどうにもならないのよ。

体と心の仕組みを知れば、漠然とした理由なき不安や自信のなさを、どんどん減らしていくことができるわ。

年齢なんて関係なく、男がいるかいないかも関係なく、どんな状況であろうとも、開き直りという意味ではなくて、自信で輝けるオンナになれるわ。

大丈夫よ。

フレッシュ！

フレッシュ！

フレッシュ！

夏の扉も、人生の新しい扉を開けるのも、あなた次第よ。[*1]

まずはそうしたいって気持ちだけでもいいわ。それでスタートは切れる。

大丈夫よ。

＊1

松田聖子5枚目のシングル「夏の扉」。資生堂エクボとのタイアップ曲。なんだか新しいことがはじまりそうな、キラキラ80年代POPチューンよね。「髪を切った私に　違う女みたいと」という歌い出しのように、デビューからの聖子ちゃんカットをばっさり切って、年末の紅白でこの曲を歌ったのは有名よ。

不倫って、当人たちの問題よね

不倫騒動が世間を騒がすことが少なくないわ。

不倫なんて絶対に許されないことだなんて思ってたりするのかしら。

＊＊＊

宗教や法が不倫を許さなかったり、社会が不倫を叩くのは、男が自信がないというのもあるのよね。

だって、そうでしょう?

女性は出産するから、自分の子どもだということに確証を持てるわ。

でも男には無理なの。

本当に自分の子かどうか、妻が浮気をしていて、実は違うんじゃないか。

保証はどこにもないから、確証が持てないのよ。

海外では慰謝料の支払いの際に、実父鑑定をすることが少なくないんだけど、ある鑑定機関の検査結果では、世界的に見て15%は実の父親の子ではないとも言われているわ。研究者の間ではマジックナンバー15とも呼ばれてるんだとか。

もちろん、国や社会によって数値にも差があって、10%という報告もあるけど、どっちにしても結構な数字よね。

社会の建前では、あんなに不倫を叩くけど、意外とみんなしてるという何よりの証拠だわ。社会の正義を盾に正論を言ってたひとが、実は不倫してましたなんて、よくあることじゃない。

でもこれって、進化のプロセスから言ったら無理もないことだったりもするから、不思議よ。

浮気や不倫についての是非はともかくとして、あたし、フランスのミッテラン大統領のエピソードがすごく好きなの。もうずいぶん前のことになるけど、当時フランス大統領だったミッテランの隠し子報道があったのね。その時、記者から「婚外子がいるようですが？」と聞かれたミッテランは、

「Et alors?（それがなにか？）」

って言い放ったのよ。

あたし、しびれたわ。

そして、それを当然のこととして受け止めるフランスという国がすごいなぁって思ったのよ。さらに、フランスのゴシップ誌が隠し子の写真を掲載した時も、逆にゴシップ誌に非難囂々《ごうごう》。記者から写真を見せられたミッテランは
「彼女、きれいだろう？　そう思わないかい？」

って言うし、奥さんは奥さんで記者からの質問に
「わたしとフランソワ（ミッテラン）の問題です。あなた達には関係ありません」

とキッパリ。

かっこよすぎるわ。

他人のプライベートに干渉しないという姿勢には惚れ惚れするわね。

3年目の浮気ぐらい大目にみろよって、歌もあるけど。*1
まぁ、もしもあたしが浮気されたら市中引き回しの上、獄門磔《はりつけ》にしてやろうかしら。でも浮気されちゃう自分が相手を愛することを忘れてなかったか、反省もするわ。そもそもそんな男を選んだ自分問題とか、それでも許しちゃったって同じこと繰り返す問題とか、いろいろあるわねぇ……。

ただあたし思うのよ。

不倫の是非についてはともかく、不倫っていうのはあくまでも当人たちの問題なんだから少なくとも外野は黙ってたらいいじゃない。あの記者会見で頭を下げるのって、誰に頭下げてるのって感じだわ。

*1

ヒロシ&キーボー「3年目の浮気」。往年のデュエットの定番よね。オリコン3

週連続1位で大ヒットだったのに、歌詞の内容的に紅白に出られなかったんですって。時代よねぇ。

恋愛したい相手と結婚したい相手、進化的に見て違うの。どっちも大事よ

自分の経験を振り返ってみるとどう思う？
自分の一番好きな相手と結婚したかしら、それとも計算で結婚相手を選んだかしら。

＊＊＊

「借金まみれのハンサム男と裕福な豚男、どっちが結婚して女をシアワセにしてくれると思いますか？」
なんてドラマのセリフがあるように、結婚には計算が持ちこまれたりもするわ。＊1

だって、そうじゃない？

例えば、
お金があったり、社会的な地位や名誉があったり、性格の相性がよかったりというのと、
イケメン、好きな体、ドキドキする危険な香り。

このふたつの基準って、明らかに違うわよ。
混同しがちだけど、女の本能的に好き！　と思うのと、条件で好きと思うのって、全然違うわ。
進化的に見ても、男を選ぶ時にふたつの基準があると言えるのよ。

種として優秀か
生活力が優秀か

一般論だから個人差があるけど、女性の体の仕組みはよくできてるわ。P68でお話しするように、妊娠しやすい排卵期には危険な香りがする種の相手にひかれて、それ以外

の時期には、生活力のある安定の相手にひかれやすいのよ。

別にどっちが正しいかだなんて愚問よ。
どっちも正解よ。

大事なのは、あなたが「今」どっちを必要としているかってことよね。

いいこと？
気をつけなさい。
種の相手と、安定の相手は違うのよ。

両方を兼ね備えてる相手は貴重だけど、その場合浮気症だったりすることもあるから、
なんとも言えないわね。
問われてるのは相手かしら、それともあなたのオトコを見る目かしら。
うふふ。

*1

2000年にフジテレビ系で放送されたドラマ「やまとなでしこ」の松嶋菜々子のセリフ。当時、最高に輝いていた松嶋菜々子から放たれる名（迷？）言的なセリフの数々がたまらなかったわ。最終話は視聴率34・2％で、月9ドラマ黄金期最後の恋愛ドラマでもあるの。

ダメな男ばっかり寄ってくるですって？

男運がないと思わざるを得ないことって、あるわよね。
でも、それ男運のせいにして自分の責任を棚上げにしてないかしら。

＊＊＊

浮気する男は嫌い
嘘つく男は嫌い
バカな男は嫌い
稼げない男は嫌い
わたしを大切にしない男は嫌い

なのにどうして、いつもいつもそんな男ばっかり寄ってくるかって、嘆いたりしてない？

どうしてあの子は、いつもすてきな彼氏にめぐり逢ってるのに、自分ばかりが貧乏くじ引いちゃって、男運が悪いんだろうって思ったりしてない？

そのくせ、自分がいないとダメとか思っちゃったり。

こんな状態はいまだけで、きっといつか彼だってわかってくれると信じたり。

変わってくれる日がいつかくると夢見たり。

あなたの気持ち、手にとるようにわかるわよ。

でも、そんな男は変わるの待ってても、いつまでたっても変わらないし、男運もよくなりゃしないわ。

まさに引き寄せの法則、oh my goodness!

ブーメラン　ブーメラン

ブーメラン　ブーメラン[*1]

ひゃだ、秀樹の曲並みに自分の言葉が襲いかかってきて、あたし血みどろ。


だって、あたしだってあるもの、そんな経験。

パチンコ屋に通う男にお金を貸して、パチンコが終わるのをじっと待ってるだなんて、そんなかわいい、いたいけなことをしちゃう時代もあったわ（遠い目……）。

だからこそわかるのよ。


男運が悪いんじゃない。

そんな男を自分が選んでるの。

いい加減に、や・め・な・さ・い。


ちなみに、パチンコ男はお金がないって言うから、全部あたしの買い物をクレジット切らせて取り返したわ。
絶対に、に・が・さ・な・い。

＊1

西城秀樹20枚目のシングル「ブーメラン ストリート」。ブーメランだから離れていったひとが戻ってくるって言う曲だけど、戻ってこなかったひとをアンサーソングとして「ブーメラン ストレート」ってのも出してたりするのよ。秀樹感激！

相手を責める男は自分自身の弱さを隠してるのよ

なぜか知らないけど責められてる。

なぜかわからないけど、自分が悪者のように感じてしまう。

そんな経験ないかしら。

＊＊＊

ひとって言うのは、ひとが信頼できないから、ひとを攻撃するわ。

そしてそれは、自分の一番弱いところを一生懸命に隠して守ってるってことの裏返しなの。

だから、いつもいつも怖くて仕方ないのよ。

おまえはオレを愛してないだろう。

って試し続けるの。

相手が信じられなくて、試し続けるから、いつまでもいつまでも根っこの部分で相手とつながれないの。

おまえが悪い
おまえが悪い

そう言い続けるわ。

一緒にいて、ずっとそんなことを言われ続けてると、それを信じてしまうのよね。

わたしが悪いんだ。

もっとちゃんとしなきゃいけないんだ。

って、信じちゃうのよ。

違うわ。

あなたは悪くない。
もしも、パートナーからいつも責められたり、試されたりしてるのなら、もう気づいてもいい頃よ。
あなたがいつも、相手にあわせる必要なんてない。
自分自身を責め続ける必要なんてない。

たとえ、いい思い出があってつらくても。
悲しみを身ごもって　優しさに育てるし
淋しさを身ごもって　人生が始まるの。[*1]

大丈夫よ。

あなたが相手の弱さの犠牲になる必要なんてないの。
試す男なんてクソ。責めてくる男もクソ。
やっちゃえ、男捨離。

*1

アン・ルイス「WOMAN」。「六本木心中」が有名だけど、あたしこの曲好きなの。元気出るのよね。そして「身ごもって」って表現がなんとも言えないわ。恋も、愛も、結婚も。なんでもそうだと思うけど、終わり方がひどくて悲しくて、つらくても、そこからが再生よ。

束縛系彼氏はＤＶ化しやすいわ

好きな相手にちょっと束縛されるのって、ちょっとうれしかったりしない？

でも気をつけて。ＤＶの一丁目一番地に立ってたりしてないかしら。

＊＊＊

「あたし絶対にＤＶになんかならない。そう思ってました」

友人がそう言うから、何があったのって聞いたのよ。

「メンタル弱いから、ぼくには強い言葉をかけないでほしいって言うくせに、怒鳴るんです」

え？

「嫌だからやめてって言ったら、ぼくの愛情表現だから受け入れてほしいって言われて」

は？

「束縛も強くて、来なくていいって言うのに、毎日職場まで迎えに来られて……。だんだん言い返せなくなってる自分に気づいて、怖くなって最終的に別れたんですけど、DVの入り口まで来てた気がするんです」

危なかったわ！

気づいてくれてよかった！

束縛系彼氏ってDV男に変化しやすいの。巧みに弱みを見せて、言い返せないようにして、少しずつ追い込んでいくのよ。


「わたし、できません！」

そう言ってビンタされて
「わたしはドジでのろまな亀です！」

そう言って、暴力にも負けず、逆に愛の確認だと思って二人で抱き合って泣くのはドラマの中だけにしてちょうだい。*1

少しずつ外堀を埋められて、気づいたときにはもうどうにも逃れられなくなってるの。嫌なのに、相手に言い返せなくなったら、立ち止まらないとダメよ。

支配に飲み込まれるわ。


実際の暴力ではなくて、言葉の暴力でも十分にＤＶよ。

ひとの話だと客観的に判断できるけど、自分のことだと見えにくいわ。

気をつけるのよ。

*1

大映ドラマの超名作「スチュワーデス物語」の有名シーン。あたしはこれでごはんが3杯おかわりできる自信があるわ。あの大げさなセリフ、めちゃくちゃな設定、ネスカフェゴールドブレンドも真っ青の香り立つ演技。「教官！」と言う堀ちえみも、手袋を口で外す片平なぎさも。あぁ、好きすぎる……。

恋する脳って、しあわせホルモンが減ってるのよ

誰かに恋した時って、しあわせな気持ちよりも、なんだか不安が襲ってきて、いろんなことを心配しちゃったり、怖くなったりしてしまう。

そんな自分を不思議に思ったことないかしら。

＊＊＊

恋した時の人間の脳には変化が起きるわ。

意外かもしれないけど、恋するひとってしあわせホルモンと呼ばれるセロトニンが減少することがわかってるの。血中セロトニン値は強迫神経症のひとと同じレベルだという研究報告もあるくらいよ。

恋に落ちると、脳内に依存を引き起こすホルモンであるドパミンがバンバン分泌されて、恋する相手に会いたくて、ほしくて仕方なくなるわ。

その反動でセロトニンが減少しちゃうのよね。

「恋っていうのはね、精神の病なのよ。

つまりとても冷静な判断を下せる状態ではないってこと。

そんな時に人生で最も冷静な判断を必要とする結婚を決めたら、一生後悔するはめになるわ」*1

なんてドラマのセリフもあったけど、恋する脳は非常事態宣言中。

恋してる時の不安感や焦燥感、信じたいけど信じられない、そんなジェットコースターみたいな気持ちの変化は、脳内ホルモンが引き起こしてるの。

リアルに中毒症状なのよ、恋って。

おかしな行動に走ってもしょうがないし、愛はトレモロ～と思わず歌って踊りたくなるのもそのせいよ。*2

別に人格にも性格にも問題があるわけでもなんでもないわ。人間の脳の仕組みなんだから、心配しないでも大丈夫。

ひとも自分も、やさしく生ぬる～く見守ってあげましょ。

*1
2000年にフジテレビ系で放送された月9ドラマ「やまとなでしこ」。最高視聴率34・2%という大人気ドラマの中で松嶋菜々子演じる桜子のセリフ。脚本家中園ミホの生み出す名言と物語の数々にしびれたわ。

*2
Wink「真夏のトレモロ」。アイドル冬の時代に突入しはじめた80年代後半に異彩を放っていた二人組Wink。ゴスロリを先取りしたような衣装で無表情にオ

ルゴール人形のような振り付けで、シンクロしながら踊るインパクトったらなかったのよね。

……………………

ひとめぼれは自然の摂理なの

恋の魔法は偉大よね。心理的にも科学的にもとってても不思議なことだわ。一瞬で誰かと恋に落ちたことがあるかしら。

＊＊＊

ひとめぼれというと宮城のお米も浮かぶけど、コシヒカリと初星の交配で生まれた品種なのよね。メレンゲの気持ちはわかっても、植物の気持ちってちょっとよくわからないけど、お米も恋ってするのかしらね。*1

言葉の響きとしてひとめぼれはすてきだけど、実はエネルギーの節約から生まれたと言われてるの。動物の求愛行動って、ダンスしたり、鳴いたりするから疲れるでしょう？　その上目立つから、他の肉食動物に見つかって捕まりやすいのね。

自然界では、恋に落ちるのも命がけだわ。

そこで、本能的にある特徴を持つ相手に出会った時に、一発で恋に落ちる仕組みが進化したってわけ。


ひとめぼれは危険回避。

ひとめぼれはエネルギーの節約でエコなのよ。


だから理由なんてないわ。

しかも出会った瞬間だから、ほぼビジュアルで本能のささやきよ。

そもそも、人間は情報を集める上で目から入ってくる情報のウェイトが大きいの。

なんだかんだ言って、ひとは見た目が9割なのよねぇ。

これは進化の賜物で、別に悪いことじゃないわ。

アメリカでのいくつかの調査では、11〜30%のひとが相手を目にした瞬間に恋に落ちたと答えてるくらいだもの。

見た目でひとを好きになることを、恥じる必要なんてないわ。

イケメンは正義
イケメンは眼福
イケメンは癒やし
そして、ビビビは本能よ！ *2

*1
「メレンゲの気持ち」 1996年から続く日本テレビ系の長寿バラエティ番組。あたし的にひそかなポイントは、ナレーションを担当している清水ミチコがたまに

入れてくるものまね。

＊2

松田聖子「ビビビ婚」。神田正輝との離婚から約1年後、聖子は都内のホテルで6歳下の歯科医と電撃挙式するの。交際わずか2ヶ月での入籍記者会見で「会った瞬間ビビビときた」というコメントをして、「ビビビ婚」はその年の流行語にもなったわ。聖子の自然体な生き方も、自分の気持ちに素直に、ほしい物は手に入れ進みたい道へ進んでいく姿も本当にすてきだわ。

体めあての男ばかり寄ってくるのには理由があるわ

いつも体めあての男ばかりが寄ってくるって相談をされたんだけど、思い当たることがあるのよ。

あなたの方が、**自分の体を利用してないかしら。**

＊＊＊

相手が体を求めてきた時に、体をすぐに許してたりしない？

ここでNOって言ったら、もう会ってもらえないかもしれない、関係がダメになっちゃうかもしれない。そんなふうに思って、自分の気持ちよりも嫌われないように行動してないかしら。

体めあての男ばっかり寄ってくるって文句言ってる反面、心の奥底で、自分が体を許さないと好きになってもらえないと思ってたりするのよ。

じゃなかったら、そもそもそんな男をあなた自身が相手にしないわよ。

自分に自信が持てないと、ついついやっちゃいがちなんだけど、体めあての男が寄ってくると言いながら実際は、そんな男が寄ってくるような行動を無意識にしてたり、結果的に選んじゃってるのよね。

ちょっとひとつ聞きたいんだけど、

自分が本当に好きなひとと付き合ってきたかしら？

このレベルのひとだったら付き合えるだろうとあなたが値踏みした相手だったり、向こうから付き合ってほしいと言ってくれた相手と付き合ってたりしない？

自分が好きだったり、本当にいいなと思ってるひとには怖くて声がかけられずに、このひとならＯＫしてくれると思える安全な方に行って、自分が傷つかないように行動してしまってたりしない？

もしかすると、子どもの頃におまえはかわいくないと言われたり、心ない言葉で傷ついたことで、誰かを真剣に好きになるのが怖くなってるかもしれないけど、それはそれよ。昔のことであなたが傷つき続ける必要なんて全くないわ。


怖いのは、わかる。

誰だって傷つきたくないもの。あたしだって怖いわよ。

でも、傷つかないように取った行動が、自分をもっと傷つけてしまってるのよ。もうこんな男ばっかり嫌だって思ってるんでしょう？

だったらそろそろ、いいはずよ。

自分自身の価値をあなたが貶《おとし》めてしまう必要なんてないの。

そんなの思い込みよ。


自信持ちなさい、あなたいい女よ。

燃えろいい女だわ。[*1]

＊1

世良公則《まさのり》&ツイスト「燃えろいい女」。資生堂79サマーキャンペーン・ナツコの夏キャンペーンソング。ＣＭでは小野みゆきが、赤いオースチン・ヒーレーのオープンカーで颯爽《さっそう》と登場するの。世良公則の「燃えろ！　ナツコ〜！」っていうシャウトと相まってそのインパクト！「自立した女性」というメッセージを強烈に伝えたわ。

男は焼き肉で落とすのよ

待ちに待った彼との初デート。
ちょっと待ったー！ *1
単純に食べたいもので決めちゃってないかしら。

＊＊＊

恋の魔法は食べ物がかけてくれるの。

食事をすると消化器の表面に食べたものが触れるでしょ？

ある意味、体の内側からマッサージをしてるのと同じだわ。消化器に食べ物が触れる刺激で、いろいろなホルモンが出るの。

あなたの食べたもので変化するのは、栄養だけじゃないのよ。

心も変わるの。

脂肪分が多い食事は、愛情ホルモンであるオキシトシンが増えるわ。

タンパク質に多く含まれるアミノ酸であるトリプトファンからは、しあわせホルモンのセロトニンが作られて、さらにお肉は脳内麻薬とも呼ばれる幸福感を高めるアナンダミドまで入ってるのよ。

いいこと?

男は焼き肉で落としなさい。

夜景とかでキラキラしてるデートに行きたいかもしれないけど、自分がしたいデートと、相手がしたいデートって違うのよね。

ちょっと脱線するけど、キラキラデートそのものが好きな女子と違って、男がキラキラデートを設定するのは、それが好きだからというより、女を落とすためで、本人は内容には全く興味なかったりする場合がほとんどなのよ（偏見）。おしゃれで美味しいレストランが好きかと思ったらグルメ評論家ばりの美食オタクか（超偏見）、港区女子に群がってる港区おじさんくらいのものだわ（完全に偏見）。*2

純粋に自分のしたいこともいいけれど、デートって相手あってのものだもの。自分の妄想だけで選択しちゃ嫌よ。

そしてなにより、恋と食欲の関係は無視できないじゃない。

肉よ、肉肉！

おしろい塗って　口紅つけて
ラインを引いたら　つけまつげ
今日は彼とデート　今日は彼とデート
うっふん。*3

あとは、肉食女子で決めちゃいなさい！

＊1

「ちょっと待ったー！」　往年の合コン番組「ねるとん紅鯨団《べにくじら》」で、競合相手が意中の相手に告白しようとした時に、「ちょっと待った」をかけるのよね。司会をしていたとんねるずをひっくり返して「ねるとん」という番組名だったのだけど、爆発的なヒットで集団お見合いの代名詞にもなったわ。

＊2

「港区おじさん」。雑誌「東京カレンダー」が特集してた、贅沢をしてる港区女子に貢ぐおじさんのこと。昔の言葉で言うと、アッシーくん、メッシーくん、ミツグくんの金銭レベルを上げた感じかしら。

＊3

「コンパクト」。作詞作曲者不明の子どものうた。地方とかによって、歌詞が微妙に違うのよね。今の子達も歌ったりするのかしら？　もちろん、あたしは女の子にまじって、歌って踊ってたわ。

おはようからおやすみまで、LINEしてるの！

アラフィフのともだちにうれしそうに言われて、あれ？って思ったのよ。
あなたもなにか感じることがないかしら。

＊＊＊

そうよ。
ひとの恋路にケチをつけるつもりなんて、全くないの。
でも、あんたそれ、

「おはようからおやすみまで　暮らしをみつめる　LION」＊1

ＬＩＮＥじゃなくて、ＬＩＯＮよ。
暮らしを見つめるところまでいくと、一歩間違ったらストーカーよ。
気をつけてちょうだいって思わず言っちゃったわ。

昔の恋は、連絡手段がそんなにないから、基本、連絡を待つしかないって感じだったけど、いまは常にスマホやＳＮＳでつながってる感覚があるわよね。それがいいところでもあり、悪いところでもありで、悩みを深めちゃったりもするのよね。

ＬＩＮＥってポンポンと返信が来てるうちはいいけど、なかなか読んでくれなくなったり、既読スルーとかはじまっちゃうと切なかったりするじゃない。
でも意外と、そのひとそれぞれのペースがあるから、キリキリしなくていいの。

「既読って読んだってことだから、その時点で愛じゃないですか」
なんて既読スルーする側の女子に言われたことがあって、そんな考え方があるのかと驚いたわ。
一人ひとり価値観や考え方が違うように、メッセージのやり取りのスタイルだってひとそれぞれ違うの。恋愛の場に、「こうするのがあたりまえ」って自分の価値観を持ちこんでジャッジをしだすと、危険だわ。それだけはしないように、あたし自身も戒《いまし》めてるんだけど、ついついやっちゃうのよ。

あぁ、でも恋ってそういう頃が楽しいのよねぇ（遠い目）。
やだ、これ、あたしジェラスしてるのかしら。

もうすぐ春ですね
恋をしてみませんか[*2]

なんて春一番を脳内リフレインさせてるうちに、早くあたしにも春が来てちょうだい。

*1

「おはようからおやすみまで　暮らしをみつめるライオン」。１９８０年代のライオンの企業スローガン。「笑っていいとも！」の後、小堺一機の「ライオンのいただきます」の時に、毎回耳にしてたのよ。淡谷のり子、清川虹子、京唄子などのそうそうたる面々が「おばさま」として好き勝手トークしてるのがたまらなかったわ。

*2

キャンディーズ９枚目のシングル「春一番」。もともとアルバム収録曲でシングル・カットをされてて、当時のアイドルの曲としてはものすごく珍しい試みだったそうよ。

第2章

生理とＳＥＸを味方につけなさい

生理とセックスの痛みは、体も心も傷つけてるの

生理の時の痛みや、セックスの時の痛み。
単なる痛みだと思って、我慢してるだけだったりしないかしら。

＊＊＊

どうしても自分の中の「女性」というものを意識せざるを得ないのが、生理とセックスよね。自分がどんなふうに自己を認識しているかにかかわらず、解剖学的な女性という性を象徴しているものの代表とも言えるわ。

その時に痛みがあると、自分の中の女性が傷つくの。
そうね、たしかに誰もがそうとは言わないわ。ひとそれぞれ、みんな違うから。

でも、あたしがこれまで5万件ものカウンセリングを通じて、感じていることでもあるのだけど、生理やセックスの痛みがあると、内面的であれ外面的であれ自分のいわゆる女性らしさ、女性性を否定しがちになるのよ。

人間関係というものは、鏡のようなものだから、自分自身が自分の中の女性に否定感があると、相手もあなたの中の女性を否定するのよね。

逆に言えば、痛みがなくなると女性としての自分に自信が持てるようになるわ。自分のかわいさだったり美しさだったりを認められるようになるひとが多いの。

だからこそ、あたしは漢方の治療をする時に、生理やセックスの痛みを軽くしたり、なくすことをとても大切にしているわ。

自分でできることとしては、まず血流を増やすこと。

なぜなら、子宮や卵巣の状態というのは、漢方的な意味でも西洋医学的な意味でも、血流に大きく左右されているからよ。

もうひとつは、膣トレ。

骨盤底筋群《こつばんていきんぐん》を含めた生殖器のまわりの筋肉を鍛えると、子宮・卵巣の環境が変わるの。フランスでは産後に緩んだ膣を鍛える膣トレが保険適用になっているほどなのよ。あたし直接フランスで助産師さんにインタビューしたことがあるんだけど、日本との意識の違いに衝撃を受けたわ。

あとは、冷やさないことももちろん大切だし、西洋医学的なホルモン剤や、外科的な手術が有効な場合だってある。

体のためにも、心のためにも、痛みをそのままにしないでほしいの。

ぜひ、行動してみて。

繰り返すけど、もちろんすべてがそうであるとは言わないわ。

ひとによって性の自認も、アイデンティティも異なることは、あたし自身よくわかっているもの。

ただ、それでもこうして言いたいのは、痛みをなくしたり減らしたりすることで人生が変わったひとをたくさん見てきたからよ。

体はちゃんと、応えてくれる。
心もちゃんと、応えてくれる。

だからこそ、もしも生理やセックスの時に痛みがあって、恋愛や結婚で相手との関係がうまくいかないのなら、痛みをなくすと、あなた変わるわよ。*1

*1

キューティーハニーの歌の締めで出てくるセリフ。「ハニー フラッシュ！ かわるわよ！」。21世紀の倖田來未バージョンではカットされてしまったのが、あたし的には残念だわ。

排卵期は浮気したくなる傾向があるから、気をつけるのよ

正直に言ってちょうだい。
嘘つかなくていいわ。
あなた、浮気しようと思ったことがあるかしら。

＊＊＊

動揺しなくてもいいのよ。
人間、浮気したくなるようにできてるの。
そして、男はチャンスさえあれば常時浮気しがちなのに対して、女は違う。
実は女性が浮気したくなるのには、時期が関わってる。

排卵のない時期、妊娠の可能性がない時期には女性が男を見る目は慎重よ。やさしくて、経済力があって、結婚相手として安心できる安定感のある男を選ぶの。理性が働いてるのよね。

それが、妊娠の可能性の高い排卵期には一変するわ。

イケメンで、肉体的に魅力のある、要は見た目的な遺伝子が優秀な男にひかれる傾向があるのよ。

しかも、危険な情事に、つい、うっかり、ふとした拍子に手を出しやすくなっちゃうわ。

これはあたしが勝手に言ってるわけではなくて、心理学的な実験で明らかなの。

精子って排卵期以外には子宮の中には入れないわ。排卵期って、びよーんと伸びるおりものが出るでしょう？　あれって子宮のガードが開いて、精子が卵子と出会えるように、子宮の中に迎え入れるために出ているものなの。

不思議よね。

体の状態としてもガードがゆるんで、男の精子を受け入れようとしている時には、心のガードもゆるむなんて。


そして、すごくない？

普段は内面重視で男を選ぼうとするのに、妊娠しやすい時は、イケメンで肉体的にも優秀な男を選ぼうとしちゃうだなんて。

種としてほしい相手と、安定を手に入れるためにほしい相手が違うってことを、ふかーいところに刻まれちゃってるのかしら。もちろん、両者が両立してる場合もあるとは思うわよ。

でもね、これだけは言わせて。

遺伝子ったら、ズ・ル・イ。


3年目の浮気どころか、交際しても、結婚してもなかなか気の休まらない時代だもの。*1 つい浮気しかけちゃった（もしくは、浮気しちゃった）としてもあなたを責めたりなんかしないわ。排卵期には注意しなくっちゃね。危険でアブナイ男にひかれて、生物学的にふらふらっと行きやすくなっちゃうもの。しかも、妊娠しやすい時期なんだから、くれぐれも気をつけるのよ。

浮気や不倫の正義、不正義に口をだす気は全くないけど、自分のしたことに対しては責任を持ちたいものね。うふふ。

＊1

ヒロシ&キーボー「3年目の浮気」　浮気した男とそれを責める女のやり取りをコミカルな会話にした有名曲よね。実際、恋の賞味期限は科学的にも3年っていうのが通説だから絶妙な設定よ。この曲、大ヒットしたけど歌詞の内容的に紅白に出られなかったんですって。あの時代、NHKはお堅さで有名だったものね。

排卵期に嫌なことはしないの

毎日、毎日、同じように過ごす。
それもとてもすてきかもしれないけど、ちょっとまってちょうだい。
あなた、ストレスの影響っていつも同じだなんて思ってないかしら。

＊＊＊

月経周期のある女子の体は、その時期によって全然違うわ。
ポイントのひとつは排卵期よ。
漢方で排卵期は大きな転換期なの。

基礎体温をつけてみるとわかるけど、生理から約2週間は体温が低くて、排卵期を境にして約2週間の高温期が続くでしょ。漢方では、低温期を「陰」の時期、高温期を「陽」の時期だと考えるわ。

排卵期は、低温期の陰が高温期の陽に一気に転換するすごく大切な時期よ。

陰陽の転換期＝排卵期は、知らず知らずストレスに過敏になりやすいの。

我慢をたくさんしてたり、嫌だ嫌だと思いながら生活してると、すごく影響が大きいわ。

女性ホルモンをコントロールしている脳の視床下部《ししょうかぶ》は、ストレスにとても敏感よ。

特に、排卵する時には脳の視床下部から黄体化ホルモン（LH）が大量に出るのだけど、ストレスがかかるとこのホルモンが力いっぱい抑制されちゃうわけ。その結果、排卵がスムーズにいかなくなるのよ。

誤解を恐れずに言えば

ストレスは排卵をダメにする。

言い切っちゃってもいいくらいよ。

だからこそこの時期は、いつにも増して自分を優先するの。

みのもんたも真っ青なくらい、お嬢さん、おもいッきり自分を甘やかしちゃいなさいよ。[*1]

いつもは引き受けちゃうことは、断ったり。

思い切って有給とって、休んじゃったり。

自分のために時間を取って、カフェでのんびり読書したり。

そうするとね。
やさしく余裕が持てるから、排卵だけじゃなくて、夫婦生活だってスムーズに行きやすいわ。
今はダメよ、我慢なさってなんて言葉もあるけど、あなたが我慢なんてする必要ないの。[*2]
嫌なことなんてぜんぶ手放して、心を自由にして笑顔になりなさいよ。なんだかんだ言っても、笑顔が最強よ。

＊1

「午後は○○おもいッきりテレビ」日本テレビ系で20年続いていたワイドショー番組。「お嬢さん」と呼びかけられる妙齢のお姉様方のアイドルみのもんたが、1989年からは長く司会をつとめていたわ。番組内で健康効果を取り上げられた食品は即座にスーパーで売り切れるほどの、すさまじい影響力を持っていたわね。

＊2

当時の中高生男子の心をわしづかみにしたおニャン子クラブ。それまで遠い存在だったアイドルを、一気に身近な存在にしたのは功罪相半ばするところよね。「セーラー服を脱がさないで」の歌詞は、男の子の妄想全開で、一部女子からは大不評だったわ。今だといろいろ問題になっちゃうんじゃないかしらって思うほどよ。

朝に顔がむくむなら、肺が弱ってるのよ

起きた時に顔がむくむのって、本当に困るわよね。

メイクが大工事になっちゃうもの。

まさか、顔がむくむのは水分の摂りすぎだなんて思ってないかしら。

＊＊＊

体の水分は重力に引っ張られて、日中は時間とともに足にたまるの。

夕方になると足がむくむのは、そのためよ。だんだん上に戻れなくなって、多いひとでは全身の血液の20％が足に溜まってしまうとも言われるほどよ。

でも、寝ると体って水平になるじゃない。

すると足に溜まってた水分が逆流して顔の方に向かってくるの。

通常漢方は肺が防波堤の役目をしてると考えてて、逆流はそこで止められるのだけど、肺が弱ってるとまぁ、大変！

肺の防波堤を乗り越えて顔まで押し寄せちゃうってわけ。


顔がむくむ原因は、水分を摂りすぎたからだけではないのよ。

お酒を飲んだ翌日とか、塩分を摂りすぎた翌日に顔がむくむのは、ちゃんと理由がわかってることだから、心配する必要は全くないわ。次の日には回復してるでしょ？　でも顔が毎朝むくむなら、それは

肺が弱ってるサインよ！


漢方で肺は、呼吸だけではなくて、体の水分のコントロールセンターなの。顔がむくむくせに、乾燥する。なんて不思議なことが起きるのも肺のせいよ。水分を均一に全身に届けることができなくなってるのね。

そのせいで、必要なところに届かずに乾燥して、必要ないところに過剰に届いてむく

む。なんてことが起きてしまうというわけ。

しかも、肺の働きはそれだけではないの。

肺は免疫力の中心的な役目を果たしてるわ。肺の弱りは、免疫力の低下やアレルギーなどの不調につながってしまうから、顔のむくみが毎日でるようだったら、早めに対策をとってちょうだい。

肺を強くするためのポイントは、朝に胸をひらいて深く大きな呼吸をするのが一番。

ほら、言うじゃない。

新しい朝が来た　希望の朝だ
喜びに胸を開け　大空あおげ *1

って。

肺の機能が最も高まるのは夜明け前の時間帯だから、朝に胸をひらいて呼吸をするのが、とにかく大事なのよ。
爽やかな朝は、深く大きな呼吸からはじめましょ。

＊1

ご存知「ラジオ体操の歌」。小学校の夏休みは毎日聞いてたわよね。なんだかんだ言っても藤山一郎の歯切れのいい美声で聞くのが一番いいわ。ひそかに「青い山脈」が大好きだったりもするの、あたし。

生理痛で仕事してるって、あんたどれだけドMなの？

痛いのってつらいわよね。
でも、まさかと思うけど生理痛があるのがあたりまえだなんて思ってないかしら。

＊＊＊

最初に確認しておきたいんだけど、もしもケガとかして出血しちゃったら、大変だと思うわよね。流血そのままにして、がんばったりしないでしょ。ちゃんと手当するわよね。
いいこと、よく考えてみてほしいんだけど、
生理って流血よ。

毎月あるから、あってあたりまえのことだと思ってるのかもしれないけど、体の一部から出血してるの。その量は1回の生理全体で平均50〜120㎖と言われてるわ。でも、実際にはそれよりはるかに多い量が出てると感じるひとの方が多いんじゃないかしら。

もちろん、実際の経血《けいけつ》には血液以外のものも含まれているから、経血量＝血液量ではないけれど、もしも毎月120㎖の出血をしているなら、1年間で考えると1440㎖。

女性だと体重の7％が血液だから、50kgのひとだと3・5Lしかないの。

そう考えるとけっこうな量が失われているのがわかるわよね。


もともと日本人女性は貧血傾向なひとが多いの。

献血ができないひとも多いでしょう？

それなのに、たくさんの血液が失われてるんだから、生理中にだるさやしんどさが出るのは当然よ。

その上、痛みもあるって、すごくつらい状態だと思わない？

だから、しんどいときは無理しちゃダメ。

労働基準法でもちゃんと生理休暇も認められてるわ。
国が法律でも許してることなのよ。

いい？
生理痛には　気をつけなさい。
年頃になったなら　つつしみなさい。
無理して仕事するなんて　ダメよ。

生理痛は体からの
ＳＯＳ！　ＳＯＳ！ *1

体が助けを求めてるのよ。
生理痛があってしんどい状況で無理するなんて、あんたどれだけドＭなの？
休んでいいの。

いいえ、違うわ。
休みなさい。

＊1

ピンク・レディー「S・O・S」。実はピンク・レディーにとっての初のオリコン1位獲得作品なの。冒頭に遭難信号SOSを意味するモールス信号でピピピピーって効果音が入ってるんだけど、これが本物と紛らわしいからっていうことで残念ながらテレビではカットされちゃうのよね。

更年期の本来の意味を知ってちょうだい

更年期ってどんなイメージかしら。

もしかして、ものすっごいネガティブなイメージを持ってたりしないかしら。

＊＊＊

違うわよ。

そもそも更年期という言葉は、明治時代に西洋医学が入ってきた時に翻訳語として作られたの。ギリシャ語のKlimakterが語源で、人生の重大な時期、転換期という意味よ。

日本語になった更年という言葉そのものには、年をさらに深める、改めるという意味があるわ。

すてきでしょう?

もちろん更年期は女性にとってホルモンバランスに大変化が起こる時期だから、いろんな不快な症状やつらい症状も出やすいわ。気持ちだって不安定になりがちよ。

でも、血流を増やしたり、体を整えたり、漢方やホルモン剤のちからを借りたり、いろんな工夫や知恵で楽に乗り越えることもできるの。

そして、若い頃は何者かになろうとしたり、自分を見失ったり、無茶な未来や夢をどんどん描いたりしてたのが、歳を重ねていくと若さとは違った色合いで毎日が見えたりするじゃない。

単調な甘みや美味しいだけの食事が若さだとしたら、人生の喜びも、苦味も涙も渾然《こんぜん》一体《いったい》になった複雑で深みのある味わいに熟成していくのが、歳を重ねるということ。そして、その熟成をさらに深めて、人生の新しい扉を開くのが更年期よ。

まずネガティブなイメージを捨てなさい。

更年期だと胸を張るの。
それにたいがいの男は年齢とともに衰えていくけど、

オンナは違うわ。

見てご覧なさい。
妙齢のお姉様方の元気なこと！

輝く瞳は女の証
笑顔と知恵で乗り切るの
花の命は結構長いわ。*1

*1
「花の命は結構長い」。日本生命の保険のCMで流れたキャッチコピー。初代は大地真央が歌って踊ってたの。彼女の笑顔がキラキラ弾けてて、すてきだったわ。

「女ですもの、女の保険、わたしはニッセイナイスデイ」って言葉が続くのだけど、最近はこういう表現が許されないのか、言わなくなっちゃったわねぇ。あたし、個人的にはいいと思うのよね。男と女は違うし、それは単純に「違い」でしかないわ。言葉狩りはいらないから、実態を変えてほしいわよね、どちらかと言うと。

性は人間の社会生活すべてを作動させる点火装置よ

性やセックスのことって隠しがちだけど、人間の感情や行動の根っこにあるわ。表に出ない、出せない部分だからこそ、その影響は強力なのよ。あなた、**自分の無意識の行動が性に影響されてるって知ってるかしら。**

＊＊＊

男女の違いも、恋をするのも、愛が育まれるのも結婚も人類の歴史もすべて、性というシステムが働いてるわ。

性について知れば知るほど、人間の行動の謎が解けていくのよ。

彼氏とのことで悩んだり、結婚したいのに話がまとまらなかったり、パートナーシップがうまく結べなかったり、もしもあなたが悩んでるなら、その深いところにある原因をちゃんと知った方がいいわよ。

インナーチャイルドや前世も関係してるかもしれないけど、もっと強力な人間の基本原理が影響している可能性が高いもの。

そして、理由がわかると人間って安心できるわ。


冒頭の「性は人間の社会生活すべてを作動させる点火装置」という言葉は、有名な人類学者ヘレン・フィッシャーの言葉なのだけど、まさにそのとおり。

あなたの性とセックスにふたをしちゃダメ。

見るの。


贅沢品がほしくなるのはなぜかしら。

高級ブランドがほしくなるのはなぜかしら。

はっきり言って全く合理的じゃないと思わない?

「バッグ」という機能だけなら、エコバッグもヴィトンのバッグも同じはずよ。

でもやっぱり、グッチやエルメス、プラダといったブランドものにひかれちゃうの。*1

美しくて、贅沢なものに本能的にひかれてしまうのよ。

それは、昔からの人間の本能だわ。力を持つ人間は、食事、住居、暖かさ、セックスの相手を手に入れやすかった。贅沢品はセクシーなの。子どもを残すという本能に関わる能力に訴えるからこそ強力なの。

長い長い人間の歴史が、遺伝子に刻みつけられているのね。お金とパワーをわかりやすく見た目で認識できるから、ブランド品についひかれてしまうの。

欲望と羨望に人間は弱いのよ。

え？　あたしはブランド品が好きかって？

好きよ。好きに決まってるじゃない。

オンナは贅沢が好きな生き物だわ。

もちろん性が影響する行動は贅沢品に限らない。

ダメな男にひかれるのも。愛情が醒めてしまうのも、浮気したくなるのも、男が巨乳好きなのも全部、性科学的な理由があるわ。
あたしがちゃんと教えてあげる。

＊1

ブランド名を列挙すると、うつみ宮土理のブランド体操が思い起こされちゃうのよね。カチンカチン体操の応用編で、グッチグッチ、シャネルシャネルと連呼しながら運動するの。インタビューで「プラダはないんですか？」ときかれて「ありません！」と即答していたのに唖然とした記憶があるわ。

生理前にイライラするのは、あたりまえだと思ってるの？

生理前にイライラしたり。
イライラしたせいで、大切なひとに気持ちをぶつけて、傷つけてしまったり。
それって、仕方がない、あたりまえだなんて思ってないかしら。

＊＊＊

最初に言っとくわ。
違う、違う、そうじゃないわ。*1
あたりまえなんかじゃないのよ。
西洋医学的には生理前の不調ってＰＭＳ（月経前症候群）と呼ばれてるけど、ホルモンの変化によるということ以外、なぜ起こるか実はよくわかってないの。

ただし、生理前には脳内のしあわせホルモンであるセロトニンなども減るから、悲しくなったり、落ち込んだりと、感情がネガティブな方向にふれやすいのは事実よ。

漢方では生理前の不調は気の滞《とどこお》りとされていて、気のめぐりをよくすると、すごく楽になるの。

ちょっと確認してみてほしいのだけど。

［気滞《きたい》チェック］

□ 胸や喉に違和感、つかえがある
□ ストレスを感じやすい
□ 便秘や下痢を繰り返す
□ 胸やおなかが張る
□ 慢性的な肩こり、頭痛
□ ため息をよくつく

□生理前の症状がひどい

チェックが多くつくなら気が滞りやすい気滞体質になってるから注意するのよ。

気滞の改善には、

- 大きくゆったりした呼吸
- ミント、柑橘系の香り
- 香りの野菜（三つ葉、春菊、ミント、せり、パクチーなど）
- 漢方薬（逍遥丸《しょうようがん》）

などが効果的ね。

生理前に限らず、感情のコントロールができなかったり、イライラしたり落ち込むのは性格のせいとは限らないの。体質の影響も絶大なの。

だから、自分を責める必要なんかないわ。

大丈夫よ。

*1

鈴木雅之の曲、「違う、そうじゃない」からよ。バブル全盛時代の大手ファッションＪ企業が運営していたブティックＪＯＹのＣＭに使われてたの。「銀座じゅわいよ・くちゅーるマキ」って名前とか、なんだか大量のＣＭで刷り込まれてて懐かしいわ。

正常位でセックスができる動物って人間くらいよ

ちょっと立ち入ったこと聞くけど、あなたの好きな体位はなにかしら。

どの体位が正解とかないけど、これだけバリエーションがあるのは人間くらいって知ってるかしら。

＊＊＊

動物の交尾の姿勢って、種類が少ないの。

なぜならほとんどの動物のメスは、膣が後ろ向きについてるのね。だから、後背位しか取れないのよ。

でも、人間は膣が前向きなの。

それが例外的に正常位を可能にしてるわ。

人間の正常位と動物の後背位との最大の違いって、何だと思う?
それは、対面で顔が見えるかどうかなの。
セックスをしている時に、相手の顔の表情がわかったり、言葉を交わしたりが可能なのは、正常位だからなの。

人間以外で正常位ができる動物は類人猿のボノボくらいよ。ちなみにボノボのセックスの位置づけはコミュニケーションの手段でもあるという意味で、人間にとても近いと言われてるわ。

これは、とても大切なことよ。進化の上でセックスが単純に生殖を目的にするものから、コミュニケーションとしての意味を持つものに変わっていったことを示していると考えられてるわ。

独りよがりで挿入して、自分が勝手にイクだけの、そんな男のセックスは人間らしいとは言えないってことよ。
そして同時に、女の側も黙ってるだけじゃダメ。男のセックスについての知識ってAVから得られてることが多くて、ファンタジーの世界だったりするの。ちゃんと女性の方から、どうしてほしいとか、これは嫌だとか、こうすると気持ちいいとか、伝えることも大切よ。

婦人科の相談をしていると、どうしてもふたりの間のセックスについて、詳しく聞いていくことになるのだけど、きちんとセックスについて理解し合えてるカップルって本当に少数派。ほとんどの場合は、相手はこんなふうに思ってるんじゃないかって想像と妄想で行動してるのよね。

そして、もしもセックスレスになったとしたら、弓をきりきり、心臓めがけ狙いうちとかするのは、当然ながらちょっと危険な方法だわ。自分が思っていることを伝えて、相手がどうしたいかを伝えてもらうという、基本的なことがシンプルに大切なのよね。*1

気をつけなさい。

セックスについてのコミュニケーション不足って、地味にふたりの関係にヒビを入れていくわ。怖がらずに聞くこと、伝えることも、大切よ。

あなたは大丈夫かしら。

*1

山本リンダ「狙いうち」。阿久悠作詞&都倉俊一作曲の昭和歌謡のゴールデンコンビの作品。実は、さすがのあたしもリアルタイムでは知らなくて、ちびまる子ちゃんで広がった第三次リンダブームで知ったの。曲と合わせてあのパワフルセクシーなキャラも、迫力も印象的よね。

更年期って熱中症リスクが高いわ

誰にでもやってくる更年期。その不調には注意すべき季節があるのよ。
実は、夏こそ更年期が危険って知ってるかしら。

＊＊＊

そもそも更年期って、女性ホルモンのエストロゲンが低下するせいで、自律神経の体温調節がうまくいかなくなってるのよ。それで熱代謝にアンバランスが起きてるの。

体が火照ったり、冷えたりする冷えのぼせが特徴のひとつだし、実際、結構振り回されて困ってるひとも多いわ。ホットフラッシュでいきなり汗がバシャバシャ出ると、どうしようもないわよね。

夏が大変なのは、経験者ならみんなわかるわよね。

暑さとのぼせのWパンチを喰らって滝汗よ。

そして、汗をかけば当然だけど体は脱水傾向になりやすいし、漢方では気のエネルギーは汗をかくと一緒に流れ出ていってしまうと考えられてるわ。汗をかくとやたらと疲れるのは、エネルギーがダダ漏れていってるからよ。

ホットフラッシュでしんどいかと思ったら、実は熱中症で死にかけたとか、マジでシャレになんないわよ。


特に夏の台所は地獄。

どんだけ暑いのって感じでしょう？

料理しながら汗がダラダラ、だんだんイライラ、どんどん食欲がなくなっていくわ。

揚げ物なんてした日には、冗談でなくて本気の炎熱地獄よ。


とにかく、夏は要注意。

更年期でホットフラッシュがあるひとは、くれぐれも要注意よ。

しんどい時には無理しない。
家事は怠けてもいい。
ダンナもほっといていい。
子どもは自立させちゃうの。

Return to myself all is a message for me
自分の心が休めって言ってるって、言っちゃえ。

しない　しない　ナツよ！ *1

*1
「Return to Myself ～しない、しない、ナツ。」浜田麻里9枚目のシングルで、1989年カネボウ夏のキャンペーンソングに起用されたの。化粧品のキャッチコピー「化粧なおし、しない、しない、ナツ。」とタイアップした曲名なの。大塚

寧々がキャンペーンガールだったんだけど、あたしの実家当時カネボウ化粧品扱ってて、お店に貼ってある水着姿のポスターを、当時は男子学生がくださいって言って、もらいにきてたりしてたの。かわいい時代よね。うふふ。

おりものが多いなら、まずは胃腸を治しなさい

普段からおりものがあってもあたりまえ、平気って思ってるひと少なくないわ。おりものシートあてておけば大丈夫だなんて、思ってないかしら。

＊＊＊

おりものって排卵期以外だと、本来はそんなに出ないもののはずなのね。たくさん出るなら感染症や炎症が起きてる場合もあるわ。でも、そもそも根本的に見ると漢方的には胃腸の弱さが原因だったりもするの。

胃腸っていうのは、気を作る場所なんだけど、ここが弱ると体の表面を守ってる気も弱っちゃうのよ。体の表面って、皮膚だけじゃなくて、体の内側の粘膜の表面もそうよ。

婦人科系で言えば、膣の表面のバリア機能も守ってくれてるわ。

胃腸の弱り＝気の弱り＝膣のバリア機能の弱り

その結果として、おりものが増えちゃうのよね。
水っぽいおりものがバシャバシャ出てる状態って、婦人科系の免疫力が低下しているサインと捉えるわ。

さらに、膣だけじゃなくて子宮内膜表面だって同じよ。
漢方的には、子宮内膜環境や着床にも影響すると考えるから、不妊症の対策を取るときにも重視するの。妊娠を希望するなら、おりものシートが手放せない状態からの卒業ってめっちゃ大事よ。

ただし、勘違いしないでほしいんだけど、排卵期のおりものは別物なの。
排卵期に、びよーんと伸びるおりものが出るんだけど、逆にあの伸びるおりものがないと、妊娠ってすごくしにくくなるわ。排卵期には、伸びるおりものが出て、それ以外の時期はほとんど出ないか、あってもごくわずかという状態をめざしてちょうだい。


じゃあ、どうやったらおりものを減らせるかというと、食事が大切よ。

食べすぎで胃腸が弱ってるひとや、ストレスとかでついつい間食やスイーツ摂りすぎちゃってるひとが多いのよね。

スイーツは甘い記憶だけにしてちょうだい。

いまだけスイーツをやめることで、未来の甘い記憶《スイート・メモリー》を作るの。[*1]

まずは、きちんとおなかのすく空腹時間を確保して、胃腸を回復させること。


これに限るわ。

おなかがすいてる時間って、胃腸が自分で掃除して、胃腸機能を修復してくれるのよ。

しかもお金がかからない。

タダよ、タダ！

それでもダメなら、漢方とか使って胃腸を元気にしてあげてちょうだい。

＊1

松田聖子14枚目のシングル「ガラスの林檎」のB面（カップリング）「SWEET MEMORIES」。聖子のそれまでの曲のイメージとはがらっと変わった大人っぽい曲。サントリーCANビールのペンギンのアニメーションで作られたCMで英語歌詞部分が使われてたの。当初、歌手名がクレジットされてなくて、誰が歌ってたのかわからなくて話題になったのよ。他のレコード会社からCMに使われてる歌手を使いたいって問い合わせがあったほど。彼女の歌唱力を世に知らしめたとも言われる曲だわ。

足元から来るのよ

ひゃだ！　夜這いじゃないわよ。

冷えよ、冷え。

冷えって下から上に上がってくるって知ってるかしら。

＊＊＊

体の中で一番冷たいのは、足先なの。

体の中心に比べてマイナス５度体温が低いと言われてるわ。

そして、心臓を出発した血流は、足元で冷やされて体の中心へと戻ってくるの。その時に、子宮のあたりで合流するのね。

だから子宮って足元から冷えが直撃しちゃうのよ。

腹巻きやカイロでおなかを温めようとしてても、足元が冷えてたら効果が下がるわ。

言ってみれば、冬に部屋の窓全開で暖房かけてるようなものよ。

電気代もガンガン食うでしょう？

それと同じで、温まらないだけじゃなくて、エネルギーも消耗するから冷える上に疲れてしんどくなっちゃうのよね。


さらに言うと、足に下りてきた血流を心臓の方に戻せないのが結局は問題なの。夕方になると足がむくむひとは特に注意が必要だわ。足がむくむひとってだいたい冷え症があると思うんだけど、これって冷えがあるからむくむんじゃなくて、足がむくむ環境だから冷えるのよ。

むくんだ足は、巨大冷却器と化して、あなたの全身を足元から冷やしちゃうのね。

順番を間違えちゃダメ。

いくら温めても冷え症は解消しないし、寒い夜だからって明日を待ちわびても、同じことの繰り返しよ。[*1]

環境を変えなきゃ。

最高の冷え対策は、カイロでもレッグウォーマーでもないわ。

筋トレよ。

それも、ふくらはぎ、太もも、おしりの筋肉を鍛えるの。かかとの上げ下げやスクワットをするの。筋肉がつくと、血流がムダに足にたまらなくなるから、むくまなくなるし、冷え症も解消するわ。

個人的におすすめは、1日に1スクワットずつ毎日増やしていく方法、1日目に10回スクワットしたら、翌日は11回、その翌日は12回……とだんだん増やしていくの。これが結構馬鹿にできなくて、確実に効果があがるのよ。

もちろん、筋肉つくまでには時間がかかるから、カイロやレッグウォーマーももちろん活用してちょうだいね。

*1

ｔｒｆ5枚目のシングル「寒い夜だから…」。小室哲哉がスタジオから自宅まで冬に自転車を漕いでる時に浮かんだ曲で、そのまま自転車に乗ってる5分の間にメロディができちゃったんですって。

生理の時のレバーみたいな塊が、デトックスですって?!

生理の時にゴロゴロとレバーみたいな塊が出ることがあるわよね。悪いものが出たデトックスだなんて思ってないかしら。

＊＊＊

違うわよ！

生理の時にレバー状の塊が出たってことは、体からの危険信号なの。

普通、ケガした時とかに血が出ると固まるでしょう？

でも経血って違うのよ。本来、経血って固まらないようになってるの。酵素パワーのトップ！ ではないけれど、酵素の働きでサラサラになって出るようにできてるわ。

それが、ドロドロで塊まであるってことは、体の仕組みがうまく働いてないっていうサインなの。

西洋医学的には、出血量が多すぎるためと考えられてるわ。

子宮からの出血が多すぎて、酵素の働きが追いつかなくて塊になって出てきてしまってるのね。

もうひとつは、主流の考え方ではないけど、冷えのせいで酵素が働けなくなってるためとも言われてるわね。

酵素って一般的には、体温37度で最もよく働けるようにできてるから、冷えてしまうと、体の中にある酵素って、うまく仕事ができなくなるのよ。

だからドロドロの塊が出てくるのは、冷えで酵素がうまく働かなくなってるサインとも取ることができるわ。

ちなみにここで言う酵素って、市販されてる酵素ドリンクの酵素とは全く別物よ。そもそも酵素ドリンクの酵素って言葉は発酵的な意味で使われてるのよ。飲んでも全く体内の酵素なんて補えないから勘違いしないでちょうだいね。なんであんな紛らわしい名前なのか、あたし不思議だわ。

漢方では、生理の時のレバー状の塊は、古い血が滞ってる「瘀血《おけつ》」と、冷えのサインだと捉えてるわ。

実際、冷え症を治したり、血流を改善するとレバー状の塊って出なくなることが多いのよ。

それに、「冷え」と「瘀血」って、漢方的には不妊、生理不順、子宮内膜症、子宮筋腫、排卵障害、更年期症状など、さまざまな女性の不調を生み出し、悪化させる原因でもあるわ。

もし生理でレバー状の塊が出てきたら、婦人科の不調の原因ができてるわよ〜！　って体からのサインってことなのよ。

いつわらないでいて　女の勘は鋭いもの

あなたは嘘つく時　右の眉が上がる

なんて、彼の様子だけに勘を働かせずに、自分の体にもしっかり勘を働かせなきゃだわ。

部屋とYシャツと私というよりも、経血とナプキンと私って感じね。*1

ひゃだ！

韻もなにも踏めてないけど、ここは気にせずスルーしてちょうだい。

改善のポイントは、温めることと血流をよくすることとよ。まずは、腹巻き、レッグウォーマー、布ナプキン、膣トレ、薬膳茶、カイロなんかが手軽で取り組みやすいわ。

もちろん、そもそもの食事、睡眠、入浴という基本も忘れちゃダメよ。

*1

平松愛理「部屋とYシャツと私」。さだまさしの「関白宣言」へのアンサーソングだとか、女性版関白宣言なんて言われてるけど、かわいい曲で大好き。高校時代みんなでカラオケに行った時に、仲良しカップルの女の子がうれしそうに歌ってたシーンが、なんだか今でも目に浮かぶわ。うふふ。青春時代ね。懐かしい。

ウォシュレットのビデは使いすぎに気をつけなさい

最近、膣のにおいで悩むひとが増えてるわ。

実はウォシュレットのビデ悪人説があるの知ってるかしら。

＊＊＊

膣のにおい問題って、けっこう深刻よね。

彼とエッチする時にはもちろん心配になるし、気になってスカートがはけなくなるひともいるのよ。

膣のにおいには、いろんな原因が考えられるんだけど、重要な要素のひとつとして膣内細菌が関係してるわ。膣の環境ってデーデルライン桿菌《かんきん》などの膣内善玉菌によって守られてるんだけど、この善玉菌が弱ると雑菌が増えちゃうのよ。

雑菌が増えた状態を細菌性腟症といって、イカ臭いような、魚臭いような生臭いにおいが出るの。おりものも変化して、少し灰色がかったスキムミルクみたいな感じになるひとも少なくないわ。

そして、問題はにおいだけにとどまらないの。
この細菌性腟症になると、雑菌が子宮に侵入して不妊症や、流産、早産の原因になるとも言われてるのね。困ったことに、この細菌性腟症の割合は１９９０年に約10％くらいだったものが、２００８〜２０１０年に行われた厚生労働研究では27・９％にも増えてきてるの。
これにはいろんな要因が考えられるけど、疑われてるもののひとつにウォシュレットの普及があるわ。ウォシュレットのビデを使うと、一時的に腟内が中性になって雑菌が繁殖しやすくなるの。本来は腟内の善玉菌が弱酸性の環境を作り直して雑菌の侵入を防ぐんだけど、おしっこのたびにビデしてると、腟内の乳酸菌はビデビデバビデひでぶって感じで壊滅的打撃を受けちゃうわけ。*1、*2
ビデは必要な面もあるけど、使いすぎにはくれぐれも注意よ。

この細菌性膣症は病院で治療しようにも抗生剤だけだと、逆に善玉菌まで退治しちゃうから再発しやすかったりして、完治しにくいのね。

だから、普段からの生活で膣内の善玉菌を応援してあげることがすごく大切よ。膣内の善玉菌は腸内環境にも左右されるから、善玉菌のサプリとか納豆、きのこを食べることをおすすめするわ。あと、ストレス、喫煙は禁物。

セックスパートナーが多い場合も膣内環境が荒れやすくなるわよ。規則正しい食事、生活が必要なのよね。


つまり、無理しちゃダメってこと。

結局、自分を大切にしないと、その反動って必ずくるの。ちゃんと自分をいたわってあげましょ。

＊1

ディズニー映画「シンデレラ」に登場する魔法の呪文ビビディ・バビディ・ブー。日本では元祖三人娘のひとり江利チエミが歌ってるわ。

＊2

「ひでぶ」。漫画「北斗の拳」で使われた、断末魔の叫び。肥満体型のハート様のシーンが初登場なのよ。放送当時太っていたあたしは、一時ハート様と呼ばれたわ。きっと全国のおデブちゃんのあだなが一斉に一時ハート様になったに違いないわね。でも、あのキャラ嫌いじゃないのよね。

あたし、たるみたくないの

20代はいいわよ、20代は。
嫌なことがあっても、寝て起きたらお肌プルプルなんだから。*1
なんて年齢のせいだけにしてないかしら。

＊＊＊

シミ、しわ、くすみ。
やっぱり気になるわ。

口の横のほうれい線。
ゴルゴ13を圧倒しちゃうほどの目の下のゴルゴライン。

ディオールを着なくてもなぜか体がAライン。

そしてとどめの内臓下垂。

そんなの全部ゆるせない。

顔も、体も、人生も、あたし全部たるみたくないの。

お肌や体が引き締まってるかどうかは、運動や脂肪だけの問題じゃないの。胃腸が鍵を握るのよ。

胃腸のことを漢方で脾《ひ》と言うのだけど、脾で作られるエネルギーは上へ上へと持ち上げる力よ。この力が弱るとすべてが下へ、下へと垂れ下がる。

体はもちろん、心も上へと昇る力を失ってしまうわ。

顔や体がたるんでるってことは、人生のたるみにつながっちゃうのよ。

お手入れや気合いも大切だけど、胃腸を忘れちゃダメよ。

甘いもの、油っぽいもの、冷たいもの、水分の摂りすぎが胃腸（脾）を弱めるわ。

気をつけてちょうだい。

こんなふうに容姿にこだわるのは、あたしの価値観が古いからかもしれないわ。歳を取った姿が美しい、そのままが美しい。

最近はそんなふうに自然な姿をよしとする考え方や広告も増えてきたもの。でも、あたしあれを額面通りには受け取れないのよ。だって人間は、生物学的に若さにひかれるようにできてるんだから。

いつまでも男性の欲望の対象でいたいとは言わないけど、やっぱり美しくありたいじゃない。*2

でもね、こうも思うの。

若さの美しさはある意味不公平よ。持って生まれた美醜ってあるもの。一方で歳を重ねる美しさは公平だわ。だって自己責任じゃない。

人相、所作、センス、空気感。

そのひとの歩いた人生、積み重ねたものがそのまま出るわ。

だから決めてるの。歳のせいになんてしない。凛とていねいに、自分に正直に胸を張って生きるって。

老けるんじゃない、上手に美しく歳を重ねるの。

＊1

90年代SK-IIのCMでの桃井かおりのセリフ。実際には、年齢のせいには全くせずに、いつまでも若々しい桃井かおり。やっぱりピテラの働きなのかしら。あの美しさ、あのキャラ、あの空気感。すべてがあたしの憧れだわ！

＊2

「いつまでも男性の欲望の対象でいたいですよね。」エロスの伝道師を標榜する杉本彩の名言。清水ミチコいわく女豹になった気持ちでスローに低めの声で言うと、上手にものまねできるそうよ。

第3章

体を変えれば
人生も変わるわ

サラダ＝ヘルシーは間違いだわ

お野菜って健康に大切よね。

食物繊維、ビタミン、ミネラルとヘルス&ビューティの象徴ですもの。でもまさか、あなた、サラダを体にいいからって年がら年中、食べてたりしないかしら。

＊＊＊

まずサラダ＝ヘルシーという考えを捨ててほしいの。

こないだ、ダイエットしたい女子がサラダ食べてますって言うから、うんうんって詳しく聞いたら、

「ポテサラとサラスパ食べてます」

って、胸を張って答えられて卒倒しかけたわ。

あんた、それ炭水化物と油の塊よ。

それにそもそも、サラダ好きって言うのに、サラダ油のたっぷり入ったドレッシングをバシャバシャかけてたら、火を通してない野菜炒めと変わんないわよ。

バシャバシャ使うのは、お肌への化粧水だけにしてちょうだい。


野菜は健康にとってとてもいいのだけど、サラダにするときは中身こそが大事だわ。

ブロッコリー、人参、パプリカなど色の濃い野菜をたっぷりいただきましょ。野菜の色の濃さは抗酸化物質やポリフェノールがたっぷり入ってるサインなの。


ただし、くれぐれも旬には気をつけるのよ。

いまはハウス栽培で、野菜の旬がわかりにくくなっちゃってるけど、きゅうり、トマト、レタスといったサラダによく使われる野菜は夏が旬のものが多いの。夏野菜は、薬膳的に体を冷やす働きがあるものが多いわ。冬にもりもり生で食べてたら、ガンガン体が冷えちゃうわよ。

美容と健康のために一生懸命に生野菜を食べて、逆に冷え症悪化して、体調崩しちゃう女の子って意外と多いの。

食材って加熱すると性質が和らいだり、変化するわ。秋冬になったら、生野菜は避けて火を通す習慣をつけましょ。体を冷やしてしまいがちな野菜でも、火を通してあげると性質が変わるの。蒸したり、グリルしたり、お味噌汁に入れたりしていただくのよ。

火を通すことで、量もたくさんいただけるから、不足しがちな食物繊維もたっぷりと補えるわ。

覚えておいてちょうだい、秋冬の生サラダは要注意。冷え症が悪化しないように、温野菜で食べるのよ。

ここに宣言するわ。

あたしが　温野菜たべなさいって　言ったから

八月七日は　ホットサラダ記念日*1

＊1

俵万智の代表作『「この味がいいね」と君が言ったから七月六日はサラダ記念日』。280万部の大ベストセラーになった口語短歌のスーパースターね。七月六日になってるのは、あえて恋愛のイメージの強い七夕の前日にして、メインではなくサイドが記念日になる感動を表したんですって。まぁ、すてき！　あたしは、月と日に1を足して秋のはじまり立秋の日付にしておいたわ。

願い事は口にするのよ

ひとりの時間に、ゆっくりとお茶を飲む。

その時に黙って静かに飲むのもいいけれど、願い事を口に出して飲むと願いが叶うって知ってるかしら。

＊＊＊

お茶には飲むコツがあるの。

いいこと？

ティーバッグでも急須でもいいけどお湯を注いだら、待つ間に立ち上る湯気を見ながら考えるの。

自分がなにをしたいのか、どうなりたいのか。
そして、飲む時は自分の願いをイメージしながら言葉を口にしてちょうだい。

「もう、しあわせになるしかない。あたし」

そしてお茶の温かさが体中に広がるのとシンクロさせながら、自分の願いを強くイメージするのよ。これであなたの未来は約束されたも同然だわ。

え？　冗談でしょって？
あたしはいつだって、本気よ。
ここは、ちゃんと本気と書いてマジと読んでちょうだい。*1
そして、言葉にすることは現実化への第一歩。そして、心と体の小谷実可子、つまりシンクロが鍵なの。*2

体に広がるお茶の温かさを使って、自分にとってのポジティブイメージを全身に刻み込むのよ。

そして、イメージだけじゃない。お茶にはそもそもリラックス効果という薬効がある。ハーブティや薬膳茶ならなおさらよ。凝りや溜まった気や血をぱーっと流して発散させてくれるわ。

特に外出が難しい状況だったり、在宅の仕事ばかりで、ずっとこもりがちな時には、お茶を利用してちょうだい。

動かないでいると、体の中の「気」が滞ってしまうのよ。滞った気は、体調を下げるし、気持ちも沈み込ませるし、運気まで下げてしまうわ。すべてがだだ下がりになるなんて嫌じゃない。

だから、そんな時にこそ、きちんと自分の時間を持ってお茶を飲むの。しあわせなイメージとあわせてね。

温かなお茶で血と気をふわりと流して、室内にいても、心には青空と太陽を輝かせましょ。

Kiss in blue heaven 連れて行ってねって感じよ。

うふふ。*3

*1

近藤真彦の「ハイティーン・ブギ」の歌詞の中で本気をマジと読ませたのが、はじまりとも言われているわ。作詞家松本隆の才能爆発よね。

*2

小谷実可子はソウル五輪でソロ、デュエットとともにシンクロナイズドスイミングでメダルを獲得したシンクロの女王。当時はシンクロ＝小谷実可子だったわ。シンクロナイズドスイミングの名称が２０１８年にアーティスティックスイミングになってしまったのには、なんだか残念でちょっと号泣。

*3

１９８３年にリリースされた松田聖子13枚目のシングル「天国のキッス」。近藤真彦の「真夏の一秒」と同日発売で話題になったのだけど、先々の中森明菜との三角関係の伏線的な空気もあってドキがムネムネよ。

便秘は子宮の重りだわ

あら3日もお通じがないですって?

下腹が重たい感じがして嫌よねぇ。

でも、便秘って単に出ないだけだなんて勘違いしてないかしら。

＊＊＊

子宮ってだいたい内臓の一番下に位置してると思ってもらったらいいわ。大腸の下ね。囲まれてもいるわ。

便秘をするってことは、大腸にうんちがたくさん詰まってるってことよ。

個人差はあるけど人間が1日にするうんちの平均量は200~300gくらいともいわれてるわ。だとすると3日だったら3日分900g、1週間だったら1週間分2・1

kgものうんちが詰まってることになるのよ。

そのうんち詰めの重たい腸に子宮は上からのしかかられてるってわけ。


うんちに圧迫されるって、嫌じゃない？

あたしは嫌よ。


子宮だって嫌なの、当然じゃない。

重くて圧迫されてつらいのよ。


だからもしも、あなたがなにか婦人科の不調があって便秘にも悩んでるなら、まず便秘をお治しなさい。

便秘の重圧から子宮を解放してあげるだけでも全然違うわ。

温めて、食物繊維と水分をたっぷり摂るのよ。

いいうんちって、食物繊維がたっぷりないと作られないし、スムーズに出ていかないの。

そして運動。

あたりまえですって？

こういう場合は、あたりまえの王道こそ正義よ。

便秘薬が悪いって思ってるひともいるけど、使ったらいいの。

うんち溜め込むのって、毒を溜め込んでるのと同じだし、子宮が圧迫されるよりはるかにマシ。

この時におすすめしたいのは、おなかにやさしい便秘薬ね。

酸化マグネシウム、ピコスルファートナトリウムの液剤、センナの実あたりがいいわよ。ただし、同じセンナでも葉っぱや茎を使ったものはおなか痛くなりやすいし、クセになりやすいから気をつけてちょうだい。

ただし、腸を便秘薬に頼り切らせちゃダメ。

ダメな男と一緒。お金がないっていうのに、お金を与えちゃうと、だんだん甘えて、仕事しなくなって、みごとなダメンズになってしまうじゃない。

ひゃだ！　あたしの過去とあやうくぴったしカンカーン！ *1
便秘薬も同じだわ。

本当に大変な時だけ、助けてあげるの。
甘えさせるだけじゃダメよ。

*1

ＴＢＳ系の往年の名クイズ番組「ぴったしカン・カン」。正解だと司会の久米宏が「ぴったしカンカーン！」って叫んでくれるの。伏せ字の「ほにゃらら」ってこの番組から生まれたのよね。

1日水2L飲んで体調崩すひとが出てるわ

昔からモデルさんが1日に水を2L飲む健康法ってあるわよね。
でも、体質によっては逆効果になっちゃうって、あなた知ってたかしら？

＊＊＊

あたしの患者さんで、ずっと体調がよかったひとが、このところなんか調子が悪いって言い出して、その時に出てた症状は

□頭痛
□めまい
□だるさ

□ 夜眠れない
□ 悪夢を見る
□ むくむ
□ 舌がぼてっとして、舌苔《ぜったい》がベトッとついてる

ひゃだ、典型的な痰湿《たんしつ》・水毒の症状じゃない。
自分の体にとって必要以上の水を飲むと、体の処理が追いつかなくなるの。漢方では、それを体内へドロがたまる痰湿とか、水分過多になってる水毒って言ったりするのよ。
最近変わったことがないか、よくよく聞いてみると、1ヶ月前くらいから1日に水2L飲む健康法をはじめて、ようやく最近がんばってなんとか飲めるようになったって言うわけ。

不調の原因は、1日2Lの水を飲んだせいよ。

確かに水を飲む健康法って一理あるわ。それで健康になるひともいる。

でも、体が必要とする水の量って、ひとによって異なるの。

成人が1日におしっこや汗で排出する水分量は2・5Lと言われるわ。だから2・5L飲むのを妥当に感じるかもしれないけど、食事から1・3Lは摂ってるのね。だから残りの1・2Lを飲めば十分なのよ。


運動で汗をかいたりして、補給が必要なら別だけど、1日2Lというのはもともと多めの水だわ。それに、冷え症だったり、血流がたりなかったり、胃腸が弱かったりする体質のひとは、漢方的にたくさん水を飲むとよくないと言われてるの。体質的に過剰な水を飲むと処理しきれなくなって、有害反応の方が多くなることを昔のひとは経験的に知ってたのね。


どんな健康法でも同じだけど、自分の体質にあってるかはすごく大事だわ。

水2Lを飲む健康法が間違いというわけでもなくて、それで健康になってるひとは、それでいいのよ。

でも、もしも不調を感じたのなら、

水２Ｌがんばって飲むとか、やめてちょうだい。
世間には魅力的に見える健康法っていっぱいあるけど、男と同じよ。
ひとめぼれで恋に落ちても、そのままうまくいくとは限らない

初めて会った時から　違うモノ感じてても
うれしい！　たのしい！　大好き！
ってテンション上がっても
あとからスーパーでスペシャルに、恋のさよならバーゲンセールってこともあるわ。[*1]
引き際も肝心よね。

＊1

実は江崎グリコ「ポッキー」のCMソングだったDreams Come True「うれしい！　たのしい！　大好き！」。あの明るい曲調がたまらなくスーパーキラキラしあわせチューン。

あたし、恋に落ちた時は勝手にこの曲が脳内リフレインされるわ。勘違いでもいいの。好きな気持ちだけでしあわせよ！

好転反応って言葉にだまされちゃダメよ

新しい漢方やサプリ、健康法を試したときに、調子が悪くなることがあるの。

それを好転反応っていうんだけど、もしかして便利な言葉にだまされたりしてないかしら。

＊＊＊

なにか体に新しいことをはじめた時に、体がびっくりして一見悪い症状がでることがあるのね。これを一般的には好転反応、漢方の専門用語では瞑眩《めんげん》というのよ。

このこと自体は悪いことでもないし、嘘でもないわ。

この症状がでるのは、治るサインだと言われてもいるほどよ。

古くから漢方の専門書にも記されていて、日本では江戸時代の名医吉益東洞《よしますとうどう》によって広く知られるようになったと言われてるわね。


ただ、知っておいてちょうだい。

好転反応が出たとしても、80％くらいは3～4日でおさまることがたくさんの漢方症例を調べた結果、明らかになってるのよ。

長くてもせいぜい1週間よ。それ以上続く場合の多くは、好転反応じゃなくて、副作用よ。


すべてが副作用とは言わないわ。

でも、漢方に限らず食べ物でも同じなんだけど、口にするすべてのものは有害な反応を起こすことがあり得るの。

卵や小麦にアレルギーがあるのと同じよ。大丈夫なひとは大丈夫だけど、合わないひとは合わない。

漢方だから安全、サプリだから大丈夫というのは大きな誤解なのよ。

症状や状況によって一概に言えないけど、基本的にあたしは不調が3日以上続く場合は、いったん服用をやめてもらうようにしてるわ。

もちろん、本当に好転反応だってこともあるし、単に風邪と重なっただけとかだってこともあるけど、念には念を入れてるの。

西洋医学の薬の場合でも、服用開始時に一時的に調子が悪くなるものもあるわ。そういった場合はあらかじめ織り込まれていて、事前に説明を受けてると思うから、勝手にやめたりしちゃダメよ。

いずれにしても、副作用かどうかわかんなかったら、ちゃんとした信頼できる専門家に相談するのって大事ね。


薬も、漢方も、サプリや健康法でもなんでもそうなんだけど、安全に上手に使ってほしいわ。

もしも、健康食品やサプリとかで1週間以上続く不調を好転反応や瞑眩っていう言葉を利用して飲ませ続けようとするひとがいたら、それは、ほぼ間違いなく、悪徳業者ね。

実際、あたしの患者さんで困ったことがあったのよ。健康食品を飲んで調子が悪くなったのに、それを3ヶ月も好転反応って言われ続けたってひとがいたわ。

あたしキレたわよ！

そんな輩は、

ムーンプリズム・パワー！ メイクアップ!!

月にかわって、おしおきよ！ ＊1

＊1

「美少女戦士セーラームーン」主人公の月野うさぎが変身する際のセリフ。あの変身シーンはアニメだと30秒くらいかかって、その間に敵に攻撃されないかと心配しちゃうけど、実は0・5秒だと原作者が言ったとか言わないとか聞いたことがあるわ。やーん、真実が知りたい。

白湯もたくさん飲むと冷えるわ

体にいい、冷え症にいい。

そんな理由で、一生懸命に白湯《さゆ》を飲んでたりしないかしら。

＊＊＊

熱い飲み物は冷たい体を温めてくれる。

でも、コップの中のお湯がだんだん時間とともに冷めていくのと同じで、あなたの体の中の水分もだんだん冷やされていくの。

もともと冷え症のひとは、入ってきた余分な水分までは温められないわ。だって自分の体も十分に温められないから冷えてるのよ。たくさん飲めば、体の中には冷えた水が余分にたまってしまうことになる。

そして、血流が悪いひとはさらに注意が必要だわ。
体のあちこちでめぐりきれない水分が滞ってしまうのよ。
足がむくむひとは、下半身が冷えるでしょう?
滞った水分がたまって余計に冷えてるのよ。
そうね、ある意味、むくんだ足は巨大冷却システムよ。

温かいお風呂で、しっかりふくらはぎから太ももにかけてマッサージしてちょうだい。
冷え症で悩んでるのに、巨大冷却システムと化したむくみ足が全身を冷やしてるなんて、
悲劇でしかないもの。

白湯がダメだと言ってるわけじゃないわ。
あたしは白湯を飲むこと自体は賛成よ。
中国や台湾では、普段から白湯や湯冷ましを飲む習慣があるし、インドのアーユルヴ

ェーダでも健康によいとされて古くから活用されてるわ。新陳代謝をアップしたり、デトックスしたり、冷えや疲れにもいいのよ。
あたしも実感するもの。

逆に、それだけ効果があるからこそ、飲み方にも注意が必要よ。すすめられてる目安は1日に800mℓくらい。コップ4杯まで。それも一気に飲むんじゃなくて20分くらい時間をかけてゆるゆると飲んでちょうだい。

いいこと？
お酒はぬるめの燗がいいし、
肴はあぶったイカでいいし
お白湯は1日4杯までがいいのよ。*1

それと間違いやすいけど、お湯と白湯は違うわ。
白湯は水を沸かしたものではなくて、15分くらい煮詰めたものよ。煮詰めることで水の分子の塊が細かくなって、口当たりも柔らかく効果が出ると考えられてるんだから大事なポイントよ。

さぁ、お白湯できれいに健康になってちょうだい。

……＊1

八代亜紀「舟唄」。彼女の代表曲よね。ご本人はあぶったイカは好きだけどお酒は飲めないそうよ。

冬にホットヨガはやめなさい

ホットヨガって最近割と流行ってるじゃない。
あなたまさか、体を温めてくれるからいいなんて思ってないかしら。

＊＊＊

ストレスが強いひとほど、たぶん心地よさを感じてると思うの。

あたしもやったことあるからわかるんだけど、汗をドバドバかくから精神的にすっきりするのよね。元気でエネルギーがあふれているひとには悪くはないと思うわよ。でも、血流不足のひと、疲れやすいひと、冷え症のひと、胃腸の弱いひとには、あたしはすすめません。

そもそも疲れやすいひとって、汗をたくさんかくと疲れが加速するのよ。元気のエネルギーを漢方では気って言うんだけど、汗をかくと一緒に流れ出ていってしまうの。それで疲れがさらに重症化して体調不良が悪化しやすいのよ。

血流不足のひとも同じよ。

汗血同源《かんけつどうげん》という言葉があるんだけど、汗って血液から作られるの。だから血が足りないひとが汗を過剰にかくと、汗をかいたぶん血流が減ると思ってもらって間違いないわ。いくら水分を補っても血がそのまま回復するわけじゃないから、大問題よ。

あたしヨガが好きだから、ヨガインストラクターの友人が多いんだけど、ホットヨガのインストラクターさんって過酷で、体調崩して辞めたって子が何人もいるのよ。求人が多いし、インストラクターとして勤めやすいんだけど、常に求人があるってことは、それだけ辞めるひとも多いからなのよね。

インストラクターさんって1日に何本もホットヨガのクラスを持ったりするし。あの暑さと湿度の中で仕事するのって考えただけで過酷だもの……。それで体壊しちゃうのよね。もちろん働く人の環境をきちんと考えてる施設もあるから、すべての施設がそうではないと思うわよ。

そしてね。

インドは暑い国だから、ヨガの本場と同じ環境でなんて思ったりもするかもしれない

けど、ここは日本よ。

ホットヨガの部屋って室温35～40℃、湿度60％くらいの設定が多いの。これって真夏

の猛暑日で不要不急の外出を避けるレベルよねぇ。

特に冬なんて、外と真逆の環境になる。

普段の生活環境と極端に違う環境に身を置くとなると無理がきちゃうわ。

ホットヨガが全員にダメなわけじゃないの。エネルギー過剰で元気なひとにはいいし、

ストレス解消にもなると思う。

あってるひとにはいいのよ。

でも、そうでないひともいることを知っておいてほしいの。

自分にあってるかどうか、よく考えてみてちょうだい。

ヨガそのものは強くおすすめするわ。
でも、それは常温の中でする自然なヨガ。
ヨガの本来の姿は、呼吸とともに心と体を整えることよ。
どんどんしてちょうだい。

せっかく健康のためにと思ってはじめたことが、逆効果だったら悲しいじゃない。
はらたいらに5000点のつもりが、篠沢教授に全部かけて、盛大に外されちゃった感じよね。*1

残念！*2

＊1

「クイズダービー」は大橋巨泉が企画立案して司会をしたクイズ番組で、最高視聴率40・8％という驚異的な記録を打ち立ててるの。回答者に持ち点をかけて得点を増やしていく競馬形式の番組だったわ。はらたいらが圧倒的な正答率、竹下景子は三択の女王、篠沢教授は珍回答……懐かしいわ。あたしの父親が巨泉そっくりだったのは、どうでもいい余談。

＊2

ギター侍・波田陽区《はたようく》のネタ。有名人を「〇〇斬り！　残念！」としてたのが懐かしいわね。

生年月日からわかるのは運勢だけじゃないのよ

占い好きな子は多いけど、占いは信じる？　それとも信じない？

実は、漢方ではもともと占いも治療に使われてたって知ってるかしら。

＊＊＊

なにか困ったり悩んだ時に、占いをしてもらったり、毎日の運勢を見たりとかするじゃない。それと同じように生年月日からは、実は体質や病気の傾向も読み取ることができるの。

もともと医術と占術って根っこが同じなのよ。

太古の昔は、病気になると祈禱《きとう》まじないで病魔退散、悪霊退散ってしてたでしょ。占いも医学も、その延長線上で発展したのよね。現代医学からはその痕跡は消えちゃってるけど、漢方にはまだ残ってるわ。

例えば、占いの四柱推命《しちゅうすいめい》と漢方って、もとになってる理論は陰陽五行説といって全く同じなの。そして、昔は漢方って生まれた日から持って生まれた本質を読み解いて、いまある症状から、現在の体質を判断して、そのふたつをあわせて病気を治療してた流派もあったの。

命証合診《めいしょうごうしん》といって古い漢方の使い方のひとつなんだけど、これがけっこう当たるのよね。生年月日に基づいて人間は大きく木火土金水の5つのタイプに分かれるんだけど、それぞれ気をつけるべき体質が異なるわ。

〈陰陽五行チェック〉

https://www.kanpo-yakuzen.org/hantei.php

【五行の体質注意点】

木のひと‥肝臓、子宮、ストレス

火のひと‥心臓、血のめぐり

土のひと　：　胃腸、食欲
金のひと　：　肺、免疫
水のひと　：　腎臓、ホルモンバランス

生年月日から自分の持って生まれた五行を知って、それにあわせて特徴を押さえておくと、病気の予防にもすごく参考になるのよ。


ちなみにあたしは木のひとだから、肝臓とストレスに注意が必要なの。

まさに実感してるわ。

生年月日ですべてが決まるわけじゃないけど、馬鹿にできないのよね。

生年月日って、生まれる前の自分が、生まれた後の自分に託すメッセージとも言われてるんだもの。


どうしていいかわからない時や、答えが見えない時、

くちぶえはなぜ　とおくまできこえるの
あのくもはなぜ　わたしをまってるの
おしえて〜！ *1

って、アルムのもみの木に聞くのもいいけど、生年月日に聞くのも楽しいわよ。

そしてね、占いって信じなくていいの。
振り回されるんじゃなくて、流れを読んで自分のために上手に利用するものよ。

*1

「アルプスの少女ハイジ」の主題歌「おしえて」。ハイジって日本だけでなくて世界中で放送されてるのよね。実は、あのジブリの高畑勲監督と宮崎駿監督の初期作品というのもポイント高いわ。子どもの頃、クララの家庭教師ロッテンマイヤーにひかれたのは、「プラダを着た悪魔」のメリル・ストリープにひかれるのと同じ心理かしら。ひやだ！　やっぱり幼少のみぎりからゲイ感覚満載だったのね、あたし。

美味しいは裏切らないわ

悲しいことがあった時、つらいことがあった時。

美味しいごはんやスイーツに癒やされたことはないかしら。

＊＊＊

一緒にごはんを食べる時に、ある友人がいつも言うのよ。

「美味しいは裏切らない」

ひゃだ、そんなに裏切られることがたくさんあったのかしらって思うけど、きっとあったのよね。お店のママだし。


でもこれって真実なの。

体重を気にするひとも多いと思うわ。あ、もちろんあたしもその一味なんだけど。太るからって、食べることを目の敵にしてると、もったいないわよ。

よく考えてみてほしいの。

後悔が襲うのは、本当は食べたいわけじゃないのに、ストレスやイライラのせいでガーッとどか食いしちゃった時とかじゃない?

それって体が求めてるんじゃないのよ。

ストレスを癒やすために、脳が必要としてるから食べてるのよ。

だって、食べた後って心のしんどさが減ってるでしょう?

あまりに、ストレスやイライラで食べてしまっているなら、それだけ無理してるってSOSなんだから、我が身を振り返ってあげてちょうだい。

人間の脳って美味しいものを食べると、しあわせホルモンが出るようにできてるわ。

それを求めて、美味しいものや甘いものを食べちゃうってわけ。

このことは決して悪いことじゃない。

こう考えてみて。

せっかくしあわせホルモンが出てるんだもの、プラスの感情を乗せてあげれば、いっそうしあわせ感がアップするじゃない。


ごはんやスイーツを食べる時は、まったりとしてそれでいて少しもしつこくない、それにこの舌ざわり。とか美味しんぼのセリフみたいなことを、いちいち言わなくてもいいのよ。*1


美味しいね。

楽しいね。

しあわせだね。


って食べるの。

そして、食べ終わったら感謝を込めてこう言うの。

おいしゅうございました。*2

*1

「美味しんぼ」。80年代からのグルメブームのさきがけになった漫画のひとつで有名よね。海原雄山のめちゃくちゃさと過剰なくらいの味の表現がとってもしつこくてすてきだわ。

*2

「おいしゅうございます」。食生活ジャーナリスト・岸朝子の名言よ。「料理の鉄人」の審査員で登場されてた時に、この言葉を聞くとなんだか見てる方の心まで満たされたのよね。

ランニング女子は、たるむから気をつけなさい

走ることってすごく健康にいいイメージがあるじゃない。
でも、気をつけないと老化が加速しちゃうって知ってるかしら。

＊＊＊

有酸素運動って言うと走ることがまず浮かぶわよね。
もちろん、ランニングは健康のためにおすすめなんだけど、気をつけてほしいことがいくつかあるの。間違うと大変なことになっちゃうのよ。

たくさん走ると足と地面がぶつかる衝撃で、赤血球が壊れるわ。自分で自分の赤血球を踏み潰しちゃう感じなの。それで貧血が起こっちゃうってわけ。スポーツ貧血ってい

うんだけど、ランニングに限らず、激しいスポーツをしてると起こりやすいのよ。女子は生理でただでさえ貧血になりやすいから、長距離をしょっちゅう走るひとは気をつけてちょうだい。

貧血って、ただ単にフラフラして疲れやすいイメージがあるかもしれないけど、それだけじゃないわ。美にも深く関わってるのよ。例えば美しさに欠かせないコラーゲンって、鉄がないと合成されないの。

あんた、貧血ほっとくとたるむわよ。*1

コラーゲンを一生懸命飲んでても、ムダよ。コラーゲンって腸から吸収される時に、一度アミノ酸に分解されるのね。それで体内で再合成されるんだけど、その時に鉄がないとコラーゲンが十分に作れないってわけ。一生懸命高いお金を払って飲んでるコラーゲンが、ことごとくムダになってたら悲劇よ、悲劇。しかも、悲劇のヒロインでたるんでますとか、シャレになんないじゃない。

だから、絶対に貧血は放置しちゃダメよ。

そしてランニングを激しくすると、もうひとつ問題になるのが靭帯《じんたい》が伸びちゃうこと。走ってると胸がゆれるでしょ？　あのゆれが激しいと、バストを支えてるクーパー靭帯が伸びたり傷つくのよ。一度切れたクーパー靭帯は戻らないわ。胸が垂れたまま回復しないのよ……。さらに、ランナーズフェイスって言葉があるんだけど、走る振動は顔の筋肉のたるみにもつながるの。

老化の印象ってフェイスラインのたるみが致命的な印象を与えるわ。ほほがたるんたるんとしてたら、せっかくの努力も水の泡よ。

怖いですねぇ、恐ろしいですね。

それでは若さに、サヨナラ、サヨナラ、サヨナラ。*2

なんてことにならないように、気をつけましょ。

ランニングがいけないわけじゃないのよ。

ただ、やりすぎは禁物。

走るのは1日20〜30分程度までにして、日焼け止めの塗り直しを心がけること。そして、今まで以上にしっかりと鉄分補給をすることを忘れないでちょうだいね。

＊1

六星占術《ろくせいせんじゅつ》で有名な細木数子《ほそきかずこ》の名言、「あんた、地獄に落ちるわよ!!」いやーん、落ちたくないわ。うふふ。

＊2

淀川長治《ながはる》。「日曜洋画劇場」の解説を約32年にわたって続けた名映画評論家。独特の口調と節回しで大人気だったわ。その解説が膨大な知識に裏付けされて、また一流なのよ。まだＤＶＤはもちろん、ビデオもない時代だったから映画を観るのはもっぱらテレビだったのよね。「日曜洋画劇場」では淀川長治の「サヨナラ、サヨナラ、サヨナラ」、「水曜ロードショー」（のちに「金曜ロードショー」）では水野晴《はる》郎《お》の「いやぁ、映画って本当にいいもんですね」。

あの解説つきで観る映画に本当にワクワクしたものよ。

プロテインって悪玉菌のエサなのよ

炭水化物がすっかり悪者になった今日この頃。

ローカーボもいいけれど、タンパク質ばかり摂ってると腸内の悪玉菌が増えちゃうって、知ってるかしら。

＊＊＊

炭水化物、麺類を控えてタンパク質をたっぷり摂るローカーボダイエット。

挑戦したことあるひともいるだろうし、タンパク質が不足してると思って、プロテインを飲むひとも増えてるわよね。

ちょっと気をつけてほしいことがあるわ。

プロテイン＝タンパク質は、腸内環境を悪化させるのよ。

実際に、うんちやおならが黒っぽくなったり、臭くなったり、ニキビや肌荒れを経験してるひとも多いんじゃないかしら。

タンパク質に含まれてるアミノ酸は体にとって重要な栄養素であるのと同時に、腸内の悪玉菌の栄養素になるの。腸内に有害物質を発生させちゃうし、腸の動きも鈍くなって便秘にもなりやすくなるわ。そのせいで、食事中にタンパク質が多くなってくると、どうしても腸内環境が荒れてきちゃうのね。

ただし、勘違いしないでほしいのは、プロテインが悪いわけじゃないのよ。

あたしも、ローカーボ意識してるし、タンパク質をたっぷり摂るように心がけてるもの。

でも同時に、たっぷりの食物繊維を摂ってるわ。

これがすごく重要なポイントなの。

タンパク質のデメリットを打ち消して、メリットを最大限に受け取るためには、絶対に食物繊維をたっぷり摂ることを忘れてはいけないのよ。

いいこと?
すき焼きなら、牛肉と一緒にたっぷり野菜や糸こんにゃくを食べるように。
焼き肉ならお肉をサンチュで包んで食べるように。
ハナ肇にはクレージーキャッツが、*1
世良公則にはツイストが、*2
そして安室奈美恵にはスーパー・モンキーズがいるように、*3
プロテインを摂ったら、必ず食物繊維を摂りなさい。

*1

ハナ肇とクレージーキャッツ。1960年代に一世を風靡したコミックバンド。ハナ肇、植木等、谷啓などそうそうたるメンバーがいて、ちょっと他とは一線を画した異色の存在よね。

＊2

世良公則＆ツイスト。日本でロックをメジャーな存在にしたロックバンド。「ザ・ベストテン」がはじまった年には、なんと全盛期の沢田研二、山口百恵、ピンク・レディーを抑えて年間第一位取ってるのよ。

＊3

惜しまれながら引退した日本のディーヴァ安室奈美恵。デビュー当初に、安室奈美恵 with SUPER MONKEY'Sとして活躍していた頃が懐かしいわ。あの頃の「TRY ME ～私を信じて～」でオリコントップ10入りをして、それ以降の立て続けのヒットにつながっていくのよね。

しんどい時は休みましょ

がんばることも大事よね。

でも、自分を休ませてあげることを、つい忘れちゃってないかしら。

＊＊＊

小学校の頃、体がだるいと言うと、母は熱を測りもせずに学校を休ませてくれたわ。

うちは薬局で体温計を売ってるのに、全然使わないのよ。

学校だったら保健室で体温を測って、熱がないと帰らせてもらえなかったから、不思議だったのよね。

なんでって尋ねたら、こう言うの。

「熱があってもなくても、だるいなら休めばいい。

熱を測って熱がないからといって、無理をしても意味ないでしょう？

熱があったらあったで、数字を見たら、それで余計に具合が悪くなるだけ。

数字はどうでもいいから、しんどいなら休みなさい」


だから、子どもの頃から無理はしないわ。

だるかったら休むことにしてるの。


もちろん、新型肺炎やインフルエンザもあるし、病気を判断するには体温などの基準は大切よ。でも、それ以上に、自分がしんどいかどうかって大事じゃないかしら。

だるかったり、疲れてるなら、当然だけど免疫力が落ちてるわ。

いろんなサプリとか飲むよりも、だるいなら休むのが一番。眠いなら寝るのが一番。

だるさも、眠気も休みたいっていう体からの声なんだから。


特にね、ちょっとドウシタノ、なにドウシタノって、ひとのことを気にかけるひとほど、自分の体のことを後回しにしがちよ。*1 しんどくて、だるくて、眠くても、誰かのためにがんばっちゃいがちだったりするのよ。

ひとの心配もいいけれど、自分のことが置き去りになってないかしら。

無理は禁物よ。

意外としんどい時ほど、ひとの心配ばかりしちゃうかもしれないけど、人間って一番心配しなきゃいけないのは、自分自身よ。

自分が元気だからこそ、ひとを助けてあげられるの。

しんどい時は、休みましょ。

*1

中山美穂「Rosa」。ハウスっぽい曲調が印象的で、前奏からの盛り上げ感がハンパないわ。ゾクゾクしちゃうもの。いろんな意味で聴いてる方を不安にさせちゃう彼女の歌声がまたたまらないわ。オリコンでは最高3位だったけど、ベスト100

には27週ランクインしてて、実は彼女の曲の中では一番のロングセラーだったのよね。

毎日うがい薬でうがいは、おすすめしないわ

うがい、手洗いは大事よね。
でも、あなた毎日うがい薬でうがいしてたりしないかしら。

＊＊＊

うがい薬でうがいしてたら、しっかりバイ菌を退治できて、予防に最高！
なんて思ってたら大間違いなの。
よく使われる茶色のうがい薬ってけっこう強力な殺菌消毒剤なの。
バイ菌は確かに退治できるけど、ついでに喉を守ってくれてる常在菌も壊滅するし、
なんなら喉の粘膜まで傷ついちゃうのよ。
ダンプ松本率いる極悪同盟が暴れてるから、クラッシュ・ギャルズを投入したら、リ

ングの外にまで出ていって、客席一帯大被害って感じかしらね。[*1][*2]扁桃腺《へんとうせん》が膿を持ってしまったり、炎症を起こしてる時はいいけど、普段から使うのは逆におすすめできないわ。

それだけじゃないの。

よく、うがい薬の主成分に使われているポピドンヨードって、ヨウ素がたくさん入ってるのね。ポピドンヨードのうがい薬を毎日使ってうがいしてると、ヨウ素をたくさん摂取しちゃうことになるのよ。

これが甲状腺機能の低下を招いちゃう可能性があるわけ。

ピュッピュって喉にポピドンヨードを噴射するタイプの薬とかは、それこそヨウ素の大量摂取につながるから絶対に日常的に使っちゃダメよ。

女性って甲状腺の不調を起こしやすいわ。女性全体の4〜15%が潜在的に甲状腺機能異常があると言われてるくらいなのよ。

その上、この甲状腺ホルモンって妊娠とか女性ホルモンとかに強い影響をもってるのね。

甲状腺に関わる数値がバランスを崩すと受精卵が着床しにくくなると言われてるから、不妊治療の時に病院で数値を測って、バセドウ病とか橋本病とかの甲状腺の病気になってない状態でも、薬を飲んで数値を調整したりする場合もあるわ。

そうそう、ヨウ素の話のついでに言っておくと、根昆布水を毎日飲む健康法とかあったりするけど、おすすめしないわ。あれもヨウ素の過剰摂取になりがちなのよ。

もちろん、うがい薬も治療に必要な時は使うべきよ。

過度に恐れる必要もないの。

あのね。

医薬品にしても食材にしても、なんでもそうだと思うけど、ものにはプラスの面と、マイナスの面があるじゃない。一方の面ばかり強調してこれでいいとか、これは絶対ダメとか言うのは、あんまり好みじゃないのよ。なんでもほどほどが大切だわ。

そして、やっぱり薬は正しい使い方をしてこそ効果を発揮するから、気をつけてほしいのよね。

日常的なうがいは水道水にお塩を入れるくらいで、ちょうどいいわよ。

＊1

ダンプ松本、極悪同盟は、1980年代に全日本女子プロレスで活躍したヒールユニットよ。ダンプ松本はリング上では極悪なんだけど、リングを降りるとやさしい親分肌だったのが有名なの。極悪メイクを落とすとかわいくて、初めて見た時は衝撃だったわ。

＊2

クラッシュ・ギャルズ。1980年代に大ブレイクした長与千種とライオネス飛鳥によるタッグチーム。ダンプ松本率いる極悪同盟と抗争を繰り広げる正義のヒーロー的な存在だったんだけど、もうかっこいいの〜！　ビューティ・ペア以来の女子プロレスブームを巻き起こしたのよ。ちなみにあたしは、飛鳥派だったわ。

体の冷えにも、心の冷えにもココアよ

冷えた体には玉子酒。
そんな昭和感満載のチョイスをしてないかしら。

＊＊＊

玉子酒も悪くはないけど、あたしのイチオシはココアよ。
ココアって寒さで縮こまった手足の先の細い血管を広げて血流を良くしてくれるの。
単にあったためるだけじゃない。
温かさを長持ちさせる効果までバッチリ持ってるの。

しかも、恋にも効くわ。

ココアに含まれてる成分のフェニルエチルアミンは、恋する気持ちを高めてくれるの。その他にも含まれるアナンダミドは、幸福感を高めるのね。

脳内で幸福な気分を高めるエンドルフィンもバシバシ分泌するようにしてくれるっていうから、言うことないじゃない。


科学的には食べても脳まで届かないとも言われてるんだけど、イギリスの研究でチョコレートを口の中で溶かす時の心拍数は、情熱的にキスをする時の2倍で、さらに脳の興奮状態は4倍にもなるなんて報告も出てたりするわ。

食べ物の効果って、現代の科学ではわからないことも、たくさんあるのよ。


薬膳的には、ココアは補気益心《ほきえきしん》って言って、エネルギーを補って心臓の力を高めるとされるんだけど、漢方では心臓の担当する感情って「喜び」なのよ。

ココアを飲んだり、チョコレートを食べるとしあわせな気持ちがあふれるのって、成分的にも薬膳的にも納得だと思わない？

恋に破れて、心も体も冷え冷えと越冬つばめな時は、ヒュールリー　ヒュールリーララーって、不幸な女を演じてないで、とりあえずココアを飲むの。ききわけのない女ですとか言わなくていいから、ここはあたしの言うこと、聞いときなさいな。*1

これからの恋にも、
ちょっと先行き不透明感漂う倦怠期の関係にも

ココア！
ココア！！
ココア！！！
飲むか負けるかよ！

大事なことだから「Wの悲劇」の三田佳子ばりに3回言っとくわ。*2

＊1

森昌子「越冬つばめ」　あの絞り出すようなヒュールリーが印象的よね。実は作曲の篠原義彦って円広志の本名だと知って、衝撃を受けたわ。

＊2

映画「Wの悲劇」。三田佳子が「女優！　女優！　女優！　勝つか負けるかよ！」と連呼するシーンが超絶印象的。薬師丸ひろ子が主演なんだけど、圧倒的に一応助演になってる三田佳子の映画。出演陣も豪華で、名セリフの数々にも彩られた、本当に最高の映画よ。

第4章

大丈夫。
しあわせは
選んで
作れるの

普通なんてどうでもいいわ

なにかを決める時に、自分の意思を大切にするタイプかしら？
それとも、なにかの基準や標準を参考にして決めるタイプかしら？

＊＊＊

カウンセリングでもよく聞かれるのよ。
検査数値が標準より多かったり、少なかったり。
自分の検査数値が基準から外れてたら、もちろん不安になったり心配になるわよね。
そしてもちろん、医学的に冷静な判断を下すために目安は大事よ。
それを完全に無視するだなんて、ありえない。
でも、それはあくまでも目安なの。

確率や統計だって同じ。

成功率5%だって、うまくいくかどうかは、そのひと個人にとってはある意味50：50よ。

普通や標準や基準に振り回される必要なんてないの。

あくまでも参考にするだけよ。

あたしは不妊の相談をたくさん受けてるから、すごくよく感じることなのだけど。

「妊娠率が1%です」

と言われて、じゃあ子どもを諦められるかと言うと、諦められるもんなんかじゃないのよ。

以前はあたしも西洋医学的な見地から見て、確率が低いんだから一定の年齢になったら、諦められるように気持ちを持っていってあげないと……なんて思ってたの。

おこがましいことよね。

でも経験を重ねるうちに、諦めずにがんばって、がんばって何十回もの不妊治療にチャレンジした方が妊娠したり、抗がん剤の治療をしたあとに40代で妊娠するひとがいたり、50歳に近い年齢で絶対に無理だろうというひとが妊娠したりということを目にするようになったのね。

そうすると、自分がデータに基づいて諦めるという結論を促すことが、ものすごく尊大で、傲慢なことのように思えてきたのよ。そして、あたしはスタイルを変えたわ。

事実を示して説明はするけど、最終的にどうするかはそのひとの決断にゆだねるようになったのよ。

病気の治療だってそうでしょう?

成功率がいくら低いからと言ったって、なにも手を打たずに病気を受け入れて、死に向かえるひとは少数派だと思うの。

もちろん、確率や統計は大切な指標だし、可能性を見る時に高いに越したことはないけど、それですべての判断を下せるわけじゃないわ。

実際にどうするか、実際にどうなるかはこのシリアスな話の流れでなんだけど、結局は、やっちゃいな、やっちゃいな。
やりたくなったらやっちゃいな。*1

って、ことなのよね。
ほんとよ。
だって未来は自分次第なんだから。

大丈夫よ。

*1

ピンク・レディー12枚目のシングル「ピンク・タイフーン」。アメリカで一世を風靡したヴィレッジ・ピープルの曲「イン・ザ・ネイヴィー」のカバー。ちなみにヴィレッジ・ピープルは70年代ゲイ・カルチャーの象徴ともいえるバンドなの。好きなもの×好きなもの＝大好きということで、ピンク・レディーの曲の中でもこの曲は特にあたしのお気に入り。

人生しんどい時は、「さぁ、眠りなさい」

思わず「聖母たちのララバイ」を口ずさみたくなっちゃうわね。*1
でも本当に、あの曲の出だしのとおりよ。
あなた、眠ってるかしら。

＊＊＊

もちろん全然眠ってない。
なんてことはないと思うけど、睡眠時間はどのくらいかしら。
5時間、6時間、7時間、8時間？
最初にはっきり言わせていただくけど、眠ることさえ十分にできてないのに、しあわせになろうだなんて、ちゃんちゃらおかしいわ。

眠ることは最強の癒やしなのよ、人間にとって。

眠ることで傷ついた体はもちろん、傷ついた心も治しているの。

睡眠不足でいるということは、毎日を傷ついた状態で、しんどいままで生きているということ。しんどい時ってどんな気持ちになるかしら。

ネガティブで嫌な感情が出てきやすいわよね。

睡眠が足りずに心と体がしんどいと、目の前で起きてることを「マイナス」に捉えがちになるのよ。

ちょっと誰かに言われた一言だって、前向きに受け取れるのか、さらっと受け流せるのか、それとも怨念のこもった言葉を言われたように、いちいちイライラしちゃうのかで全く変わると思わない？

実際、アメリカの研究で証明されてるのだけど、睡眠時間が6時間を切ると、性格が悪くなるのよ。怒りやイライラを感じる脳の扁桃体って、前頭前皮質《ぜんとうぜんひしつ》がコントロールしてくれてるんだけど、睡眠不足だとその働きが弱って理性がきかなくなるのね。

するとと不安感や、怒り、イライラを抑えられなくなっちゃうわけ。

もしもあなたが日々の生活の中で、ネガティブな感情を強く感じてしまっているのなら、性格を治そうとする前に眠りなさいってことなのよ。

だって考えてみて。

目の前の出来事にイライラしたり、腹を立てたり、不安を感じなくなったら、自分がどんなふうに変われると思う？

確実に、気持ちが楽に生きていけるでしょう？

嫌な同僚や上司やママ友だって、さらりと流せるように変われちゃうわよ。

そうすると自然に、人生はすっごい楽になる。

だって嫌なものを、嫌だと思いにくくなるんだもの。

別に前向きに考えて受け止めるだけじゃない。
自分にエネルギーがあれば、本当に受け流せない時は勇気を持ってバッサリ縁切りしちゃったりもできるわ。

疲れてるなぁ、しんどいなぁ、そう思うのなら迷うことはないわ。するとことは、ただひとつだけ。

さぁ、眠りなさい。

＊1

「火曜サスペンス劇場」のエンディングテーマとして作られた岩崎宏美の名曲よ。流れた瞬間に犯人と対話する断崖絶壁シーンが脳裏をかすめるわ。当初、エンドロールのためだけに作られていて、視聴者からの要望でレコードが発売された逸話は有名ね。

必殺！　微笑がえしバリア

人混みって疲れるわよね。
もしかして、疲れるのはしょうがないだなんて思ってないかしら。

＊＊＊

人間って気や念を発してるの。
科学的に言えば化学物質だったり、電磁波とでも言えばいいのよね、きっと。
脳波もシンクロするという説があって、距離が近いと影響されるのよ。
だから、無防備に人混みに入っていくと飲まれるわ。
そして疲れちゃうのよ。

人混みと言えば、一番に思い浮かぶのが満員電車。

もう、ぶっちゃけ凶器よね、あれ。

だって考えてもみて。誰かと密着するなんて状態、通常の生活では好きなひととくっついてる時以外でありえないわよ。パーソナルスペースを完全に無視した状態だもの。

あたし、田舎生まれ、田舎育ちだから初めて東京に行って、8時台の埼京線に乗ろうとしたとき、泣いたわよ。

もう20年以上も前の話になるけど、当時の埼京線なんて殺人的だったもの。本当にひとがギュウギュウ詰めになった電車の扉を見て、そこに入れなくて何本の電車を見送ったことか……。

なんだかその殺伐とした空気に、つーっと涙が出てきたことを覚えてるわ。


東京生まれ、東京育ちのあたしの友人たちって、小学生の頃から満員電車に乗るのに慣れてるのか、心をバシッと閉ざす術を習得してたりするのよね。称賛に値するわ。でも、田舎者にはつらくてつらくて……。

日々、満員電車に乗られてる方って、本当にそれだけですごいと思うわ。

ポジティブでやる気満々で、朝の通勤電車に乗ってるひともいると思うけど、実際のところは、「会社に行きたくないなぁ」「だるいなぁ」「しんどいなぁ」みたいなひとがきっと多数派で、そんな念をたくさんのひとが至近距離で発してるわけじゃない。

なんのガードもなしに乗ったら、一発ＫＯよ。

シンクロして、ネガティブな空気に飲まれて一緒にネガティブを発する側にまわってしまうわ（全員がそうとは言ってないわよ）。

もしも、人混みに疲れてしまうタイプなら、ひとつ覚えておいてほしい技があるわ。

気のバリアを張るのよ。

一番カンタンなのは口角をあげること。

作り笑顔でも、顔が笑うと勝手に脳内にしあわせホルモンが分泌されるように、人間の体はできてるから、それを利用するのよ。

しあわせホルモンが邪念や邪気を払ってくれるわ。

パワーストーンより強力よ。

いいこと？

微笑むの。

発動！

微笑がえしバリア！ *1

なんなら弥勒菩薩のようなアルカイックスマイルを浮かべたあなたを、まわりのひとが気味悪がって、そっとよけてくれるかもしれないわね。それならそれで、逆にスペースゲット！　くらい思っとけばいいのよ。

*1

キャンディーズのラストシングル「微笑がえし」。ランちゃん、ミキちゃん、スーちゃんの3人組で、アイドルという存在をガラリと変えた存在と言われてるのよね。アイドルファンが振り付けを決めたり、一斉に名前を読んだりするのもキャンディーズがはじまりなの。

「太った？」その一言に軽く殺意だわ

不思議でしょうがないのよ。
あなたもそう思わない？
どうしてひとは軽々しく「太った？」なんて一言が言えるのかしら。

＊＊＊

もう本当に謎でしかないの。

がんばってダイエットしたとするじゃない。1kgやせても、3kgやせても誰も何も言わずに、5kgくらいやせた時にやっと、「やせた？」って聞いてくるのよね。しかもだんだん年齢を重ねると「やせたように思うけど、もしかしたら病気？」とか余計な気までまわされたりして。

そのくせなぜか、1kgでも太ったら、いいえ、昨日ちょっと飲みすぎて顔がむくんじゃったかしらなんて日には、「太った？」って目ざとく見つけて言いやがるのよね。

それは一体全体どういうことなのか教えてほしいわ。

なぜそんなにすぐ「太った？」って聞いちゃうのか。

だいたい太ったかどうかって、そういうの自分でよーくわかっているから、あえて聞かなくていいのよ。そんなことを言う段階で、

坊や、いったい何を教わって来たの *1

って思わず聞きたくなっちゃうわ。

この原稿を書いてる時、台湾にしばらく住んでたんだけど、ごはんが美味しくて絶賛5kg太っちゃったのは事実なの。台湾のごはんって、ハイカーボでオイリーなものが多いのよねぇ。美味しくて困っちゃう。

で、半年ぶりに連絡してきた友人が「インスタ見て思ったんだけど、太った?」って
コメントして来たわけ。

Body & Soul　全部脱いじゃえば
Body & Soul　勇気を出して [*2]

そんな歌もあったけど、無理よ無理。脱いだらおなか周りのひみつのアッコちゃんが
暴かれちゃう。
誰も止められないBody & Soul、絶賛増量中！　Yeah

教訓。
太った?　って聞かれるのが嫌ならやっぱりやせなきゃダメよね。
ということで、あたしダイエットはじめました。[*3]

でも、なにはともあれ、とにかく「太った」って質問は、マジいらない。

＊1

山口百恵の名曲「プレイバックPart2」。作詞家の阿木燿子のスケジュールを無視した依頼に対する「馬鹿にしないでよ！」という愚痴がそのまま歌詞になった話は有名よね。

＊2

「Body & Soul」はSPEEDのデビューシングル。ひそかにいつも釘付けになってたのは、後ろで一生懸命踊ってる仁絵だったりしたわ。

＊3

あたしの名誉のために、その後5kgのダイエットに成功したことを書き添えておくわ。うふふ。

自分が散らかしたのなら、まだいいのよ

誰かと一緒に住んでると、なぜか自分だけが片付けをしてる。
そんな不条理な状況に腹が立ったりしてないかしら。

＊＊＊

片付けが好きなひとは、たしかにいるわ。
ときめいてスパークジョイとかしちゃったりするひともいるくらいだもの。[*1]

でも、あたしは片付け嫌いだし、苦手なのよ。

なので基本的に、モノは持たないことにしてるの。散らかりだすと収集がつかなくて、阿《あ》鼻《び》叫《きょう》喚《かん》。汚部屋まっしぐらになることを知ってるから。ミニマリストなのよ。うふふ。

でも、彼氏だったり、ダンナだったり、家族だったりと一緒に住んでると、そうも言ってられないじゃない。
自分が散らかしたのならまだいいの。
ひとに散らかされるから、腹が立つのよね。

コロナの影響でステイホームだった時は、きっと全国で片付けに追われたひとが続出したことは、想像にかたくないわ。子どもを持つ（ダンナ、彼氏という大きな子どもを含む）女性の努力を想像するだけでも、涙が出てくるわ。

そんな誰かが散らかした片付けに追われてるひとに、この曲を贈るわ。

はっぱかけたげる
さあ、片付けてよ

やわな生き方を変えられないかぎり
限界なんだわ
坊やイライラするわ

あたしには明菜の「十戒」が、散らかす子どもを持つ世の母への応援ソングにしか聞こえなかった。*2

もう、開き直って歌うしかない。
散らかされた部屋をステージに、歌っておやりなさい。

さぁ、片付けてよ。

イライラが意外とすっきりするわよ。

＊1

世界で累計1千万部を超える大ベストセラー近藤麻理恵「人生がときめく片づけの魔法」。ときめきの英訳はスパークジョイ！　実は、あたしもこの本の大ファンで読み終わった後にタンスの中身をぶちまけて、一着ずつときめく、ときめかないってやったわよ。高校時代の学ランまであったけど、ときめかなかったからサヨナラしたわ。

＊2

中森明菜9枚目のシングル「十戒（1984）」。実際は「さあカタつけてよ」って言ってるんだけど、片付けてよに、つい聞こえちゃうのよね。あたしの空耳アワー。でも、彼女の歌と声って、あの独特な不穏な空気感に底なし沼のように引きずり込まれていくわ。あぁ……。

もっと生きるハードル下げてよくない？

無理してまでがんばることって、本当に必要なのかしら。
もしかして、自分を苦しめるところまで、自分を追い込んでないかしら。

＊＊＊

テレビ番組でよくあるじゃない。
すごいひとや会社を取り上げる番組。「情熱大陸」とか、「プロジェクトX」とか「ガイアの夜明け」とか。別に、あれはあれですごいと思うし。あたし自身、嫌いじゃないんだけど。

あのすごさや、がんばりって万人に求められてるわけじゃないわ。

でも、なんとなく社会的には、すごい努力や、すごいがんばり、成果って評価されるし、求められてたりするじゃない。逆境を乗り越えてこそ一人前。どん底から這い上がることこそすばらしい。そんな悪しき昭和の風習を引きずったような価値観がいまだにあるじゃない。

まぁね、そりゃそうだとも思うの。あたしたち資本主義社会に生きてて、成長は善だって教え込まれてるもの。

でも、ぶっちゃけ。

あたしたち、もっと生きるハードル下げてよくない？

出勤してえらい！

寝て起きたの、えらい！ *1

コウペンちゃんにあたし、賛成だわ。

嫌って言えたの、すごいわ。
家事やってるなんて、チョベリグ。*2
有給申請できたのなんて、ファビュラスよ！*3

自分のいましているがんばりは、本当に必要ながんばりかどうかって、よく考えてみた方がいいわ。必要だと思い込んでたり、誰かに求められてるがんばりだったりするのは、よくあることなのよ。

自分にちょうどよく生きるって、すごく大切なことだと思うわ。
いいこと？
あたしたち、もっと楽に生きていいはずよ。

……*1
日常のささいな行動を全力で肯定してくれる赤ちゃんコウテイペンギンのコウペンちゃん。存在が癒やしよね。LOVE。

＊2

１９９０年代後半の流行語「超ベリーグッド」の略。反対語はチョベリバ（超ベリーバッド）。ガングロギャルの栄枯盛衰とともに消えていったわね。

＊3

ファビュラス（Fabulous）。もともと英語圏のゲイがよく使っていた言葉。英語のオネエ言葉のひとつとも言えるわ。日本語のオネエにすると「まぁ、豪華！」って感じかしら。

不幸の反対が幸福じゃないわよ

今の時代、しあわせや幸福には価値があって追い求めないといけない。

そんなふうに思わされがちだけど、本来のしあわせってそういうものじゃないって知ってるかしら。

＊＊＊

しあわせがなにかって、もちろんひとによって答えは違うわよね。

みんなそれぞれ価値観があるもの。

時代や文化によっても変わっていくわ。

ただ、元々の幸福っていうのは、「すごく楽しいこと」「非日常的なこと」ではなかったのよ。

哲学はギリシャで生まれたとも言われるけど、当時のひとの幸福感ってとってもシンプルなのね。快楽主義者（エピキュリアン）の語源にもなってるエピクロスは、こんなふうに幸福を考えてたの。

「体の苦痛がない状態」
「心の乱されない状態」

すごくシンプルだと思わない？

でも、こういった価値観は時代が進んでいって、イギリスやアメリカ的な資本主義の発展とあわせてゆがんでいってしまうの。

商品を買わせる広告活動に「しあわせ」という概念が利用されていったのね。

新しい物や非日常的な体験をすると、楽しいとかうれしいという感情が生まれるじゃない。そういった感情を感じてることがしあわせだと思わせたら、物や体験が売りやすかったってわけ。

大量消費を前提にしたしあわせの価値観って、やっぱりどこかおかしいわ。しあわせでなければいけないことが、義務のようになってしまって。そんな社会の価値観が人間に無理をさせてしまうもの。

そして、幸福とは、不幸の反対でもなければ、ネガティブな感覚を否定するのとも違う。そんなふうに考えてるひとたちだけが、生活に対する満足度が低くなるという研究報告もあるほどなのよ。

幸福って追い求めるもの、非日常的な体験をすることだったり、すごくうれしい、楽しいという感情を感じることでは全くないわ。

何でもないような事が、しあわせだったと思うって、まさにそのとおりなのよ。[*1]

本来の意味に近いのが人間的なしあわせなの。あたりまえの穏やかな日常を過ごして、その日常に感謝する。

そんなふうに、日々の小さなことに関心を持って感謝をする。
ようこそここへ、クックックなしあわせの青い鳥とも同じじゃない？ *2
そして、こういう感覚って東洋的な感覚に近いわよね。

しあわせって、もうすでにあたしたちの身近にあるのよ。
そう思うと、なんだか気持ちが楽にならないかしら。
それでいいの。
だから、あたしは今日もしあわせよ。
うふふ。

*1

THE虎舞竜《とらぶりゅー》「ロード」。ファンの女の子から送られてきたファンレターがこの曲誕生のきっかけで、全14章で構成されてると思ったら「ロード2020」というのが増えてたわ。ぜんぶ聴いたことないけど。その後はいろいろあったみたいだけど……何でもないようなしあわせが一番ね。

＊2

桜田淳子の3枚目のシングル「わたしの青い鳥」。1973年の音楽賞の新人賞を総なめにした曲よ。「スター誕生！」で彼女は史上最高得点で合格して、決勝でも史上最高の25社からのプラカードがあがった伝説を作ったひとなの。個人的には「8時だョ！ 全員集合」で志村けんとの夫婦コント「だめな女シリーズ」が好きだったわ。淳子しあわせ♡

いいとこ取りって、できないのよ

自分らしく生きるのが難しいと思ってるひとは、少なくないわよね。うまく生きたいと言う気持ちと、嫌われたくないと言う気持ちに板挟みになってたりしないかしら。

＊＊＊

何かしら目立ったり、成功すれば、叩かれたり嫉妬されたりする。
自分が変われば、今までと同じ環境にはいられなくなるわ。
友人をはじめ、人間関係も当然変わる。

自分が輝くということは、独自性やオリジナリティがあるということよ。

つまりひとと違うということ。それって、
孤独を感じやすいわ。

みんなと同じ安心。
みんなと一緒の普通。

そのために自分を抑えて、自分を傷つけてないかしら。

あぶな気なあなたしかもう愛せない
平凡な愛でいい……
心うらはら

それはちょっとできない相談ね。[*1]

まわりとあわせるために、嫌われないために、嫉妬されないように、叩かれないために、自分を抑えてしまって本当にいいの？
そうやって立ち止まってしまってる場所が、ある意味禁区よ。

もちろんバランスはあるわ。
なんでもやっていいとは言わないし、そこにもちろん責任は生ずる。

でもやっぱり、自分らしさって大切よ。
自分を認めることは、自分を大切にすることよ。
チャレンジするから成功があるように、恐れてばかりではじまらないわ。
諦めて、自分の魅力を受け入れなさい。

人と違ってもいいのよ。
まわりにはなんて言われたっていいの。

あなたはあなたらしく、輝きなさいよ。

*1

中森明菜6枚目のシングル「禁区」。YMOの細野晴臣が作曲を手掛けたテクノ歌謡。明菜の紅白初出場曲でもあるわ。

どうしたいかわからないひとのために、魔法の質問よ

自分がしたいと思ってることが、本当にしたいかどうか、わからなくなってしまう時ってあるじゃない。

そんな時に、本心を見つける質問を知りたいかしら。

＊＊＊

実はこれ、あたしが不妊のカウンセリングをしてる時に、よくする質問なの。赤ちゃんがほしくてなかなか授からない時って、だんだん自分が見えなくなってしまうことがよくあるの。

これは、不妊に限らずなんでも同じよ。「赤ちゃん」という言葉を自分が迷っている内容に置き換えて質問してみて。

ほしいのか、ほしくないのかわからなくなったり。
年齢的に諦めなきゃいけないと思い込んだり。
本当はほしくないと思ってるから、授からないんじゃないかなんて落ち込んだり。

そんな時にしている質問なの。

「いまのあなたの、状況とか、年齢とか、お金とか、体力とか、ぜーんぶ忘れてみて。
その上で聞くわ。
赤ちゃんがほしい？」

もしも、ほしいと思うなら、ほしいのよ。

ちなみに、自分で自分に聞くよりも、誰かに質問をしてもらった方が効果的よ。

ひとは、いろんな理由をつけて本当の気持ちを殺してしまうわ。
本当は望んでいるのに、心の奥で本心は望んでないから、願いが叶わないんだ。
そんなふうに思うことで、願いが叶わなかった時に自分が傷つかないように守るの。

でもね、心の底であなたは泣いてるわ。

現在、過去、未来
ひとつ曲り角　ひとつ間違えて
迷い道くねくねもいいけれど、自分に嘘をつく必要なんてないの。*1
実際にどういう行動を取るかは置いておいて。まず、心の奥底にある願いや夢を大切にしていいのよ。

*1

渡辺真知子「迷い道」。デビュー曲で80万枚の大ヒットで、翌年の紅白に出場するのよね。90年代になってトヨタのCMで、野茂《のも》英雄とふたりで車に乗ってて、彼女が「迷い道くねくね〜」って歌ってると、野茂が「真知子さん、ナビつけたら?」っていうのがあって、当時ツボったわ。

自分が一番恐れて隠していることが宝物かもしれないわ

隠したい自分とか、バレると怖い秘密ってあるわよね。

でも、それって意外と大切な自分だったりしないかしら。

＊＊＊

つい数年前まで、あたしにとって一番怖かったことって、実はゲイだってばれることだったのよ。

それが不思議ね。今はインスタでオネエぶっこいて、本まで出しちゃうんだから。

10代の頃は、オカマってからかわれたこともあったたし、全然価値観が共有できなくて、孤独感を抱えていたこともあったわ。

社会の普通に背くことは、いけないことだと思ってたもの。


でも、違ったわ。

たくさんのひとに出会って、たくさんの経験をして気づいたの。

自分の考え方や、あり方は、なににもまして尊いものよ。


だからと言って、なんでもかんでもカミングアウトすればいいとは思わないし、カミングアウトした方がいいとも、正しいとも思わないの。

でも、自分の中でダメだと思っている自分について、よく考えてみることって大切よ。

そして、受け入れる。


それがもしも、つらい記憶や、悲しい記憶だったとしても、そこにはなにかの意味があって、あなたらしさを作ってる。

それはとても大切なことよ。

あたし、なんでも絶対に大丈夫だって信じてるの。

自分の力を信じて、自分が本当の意味で正しいと思う道を進んでいけば、なんとかなるし、結果的に楽しくなるものよ、人生って。

うまくいってるから、そう言えるんだって言うひともいるかもしれない。でも、あたしはそう信じてきたからこそ、うまくいったんだと確信してるの。


だから、あなたも自分のことを信じてみて。

まわりの顔色をうかがったり、世間のあたりまえに縛られることなんかない。

自分の気持ちを信じて、そして進んでみて。

怖がらなくていいの。逆に、恐れていることこそが一番の宝物かもしれないわ。


運がいいか悪いかなんて、小さな選択の積み重ねよ。

だからこそ、自分が選んでいくことで、この先の未来を作って行けるんだわ。

だからぜひ、ありのままの自分を信じて、新しい扉を開けてちょうだい。

あたしは、そんなあなたを扉の隙間から、そっと見守ってるわ。*1

うふふ。
大丈夫、怖くないわよ。
ほら、怖くない。*2

……*1

「家政婦は見た！」の定番シーンよね。市原悦子がそっと、物陰から家庭の秘密を覗き見して「あらやだ」って言うお約束がたまらないわ。

……*2

「風の谷のナウシカ」。ナウシカがユパ様にキツネリスのテトをもらうシーンからよ。大好きなワンシーンなの。

おわりに

あれは去年の秋、奥入瀬《おいらせ》でのできごとだったわ。

北国の山の秋はすでに肌寒くて、ホテルのラウンジにある暖炉には薪で火がおこされてたの。親友である美容家の美余ちゃんと、カタヨガの智子ちゃんと花の中三トリオばりに仲良し三人女子会旅をしてたあたしたちは、炎を眺めながら食後のグラスを傾けてたのよ。

「最近のインスタって、文字を入れるといいんだって〜」

「あら、そうなの？」

なんて、他愛もない会話からはじまったのが、堀ママインスタだったわ。

ぶっちゃけ、なにも考えずにちょっとおふざけでオネエ言葉で作って投稿してみたのよね。そしたら……

うけちゃった。

それまでは申し訳程度のインスタで、普通に画像をたまに投稿するくらいだったから、いいねもコメントもほとんどつかなかったのが、やたらとフォロワーさんのリアクションがいいじゃない。いくつかオネエ投稿続けたら

ひゃだ！
うけてる！

気分は、染之助・染太郎師匠の気分よ。
おめでとうございます！　おめでとうございます！
いつもより多くまわしております！
的に、なんだか調子に乗って趣味全開。

昭和ネタ満載で投稿を重ねちゃったのよね。

そしたら、不思議なことにあれよあれよとフォロワーさんが1ヶ月に1万人ペースで増えていくじゃない。本当にわけわかんなくてびっくりだったわ。

きっかけを与えてくれた親友のふたりに本当に感謝よ。

ただ、正直なことを言うと、あたしは普段からオネエ言葉をブリブリ話してるわけではないし、今回の書籍化はどうしようかと思う部分もあったの。

だって、ゲイですってオープンにするのと、オネエ言葉で書くのは、また違うじゃない。

しかも一応、堀ママの中のひととしてのあたしは、漢方薬剤師・堀江昭佳として著書「血流がすべて解決する」シリーズ3冊38万部があるし、前の読者さんを裏切っちゃうことになったらどうしよう。

それになにより、ゲイってオネエ言葉を話してるとモテないのよ。致命的にモテない。やーん、どうしよう……これから先、あたしもう男に売れないかもしれない（おい）。

あんた、インスタであんだけオネエぶっこいといて今さらどうよ？　って思うかもしれないけど、書籍化となるとさすがに一応迷ったわ。

結局ノリが勝ったけど。

もうひとつ書いた理由として、少し真面目な話をすると、どうしてこんなにたくさんのひとが投稿を喜んでくれるのか、すごく不思議だったのね。それで自分の漢方のクライアントさん達にインスタについて聞いてみたのよ、そしたら口々に言われたの。

「堀ママのオネエ言葉の投稿ってスーッと自然に入ってくるんです。女のひとから言われると、『あなたはできてるからいいわよね』とか『あなただってできてないくせに』って思っちゃったりするんです。逆に男のひとに言われると『あなたに何がわかるのよ』って感じたり。でもなぜか堀ママの言葉だと素直に受け入れられちゃうんですよね」

へー、そうなの？

って不思議だったけど、オネエ言葉って言いたいこと、伝えたいことが伝わりやすいんだなって強く思ったのよ。

血流の本を書く時には、どうやったら伝えたい内容が伝わるかにすごく腐心したの。でも、インスタのフォロワーさんの反応を見てても、オネエ言葉は軽くあたしの苦労なんかを通り越して、伝えたいことが伝わるんだって感じたわ。

人間そのまま、素直に楽しくが一番伝わるってことなのね。

それで、この本が形になったってわけ。

最後の節で少し触れたけど、あたし10代の頃ってやっぱり孤独な部分があった。

当時はやっぱり時代もあったわ。ゲイだって自覚があっても、当然、家族や友人に言えないのよ。そうすると嘘ついてるわけじゃないけど、本当のことを言ってないようで、どこか断絶というか壁を感じるのね。だから地元を離れて大学に行って、はじめてゲイの友人ができた時は、うれしかったわ。

自分の言葉で思っていることを素直に話せるのって、なんてしあわせなことだろうって思ったのよ。

大学時代は、毎晩のようにゲイバーに飲みに行ってたわ。当時はネットもなかったから、ゲイのひとと知り合うにはほぼ飲み屋しかなかったのよね。

今はなきU-portって博多のお店が行きつけだったのだけど、客層の年代がすごく幅広くて、そこの話題であたしのゲイの基礎教養、昭和歌謡の知識と笑いのツボが磨かれたのよ。実際の年齢である29歳（＋３０３ヶ月）よりも、上の昭和ネタにやたら詳しいのは、そのおかげね。それがまわりまわって、こんなふうに本になっちゃうんだから、生きている不思議〜って感謝しかない。

その後、仕事で婦人科の漢方相談をするようになった時、昔の自分を見てるような気がしたの。

不妊に悩んでたり、病気を抱えてたりすると、いわゆる普通の王道から外れたような感覚を持ってしまいがちなのね。自分のことをダメだと感じてしまったり、赤ちゃんができないことや、生理がきちんとこないことで女性失格だと思ったり。誰にも言えず、孤独でつらくなったり。

日本の社会って、なんだかんだ言っても常識とか普通とか、勝手な社会の正義を振りかざされて、そこから外れると生きづらくなりがちじゃない。

でもそれって、決して正義ではないわ。

そして一方で、実際にそれを普通や常識だと受け入れてしまっているのは、自分自身だったりするのよ。

弱っていると、なかなかそれを跳ね返せないんだけど、体を整えて心が元気になると、ふとした拍子にえいっと押しのけられたりするの。

普通という価値観で縛っていた心の檻《おり》を自分で外せるのよね。

だからこそ、漢方の知識をうまく使って、悩んでるひとが元気になってほしいって思う。

体を整えて元気になって、心も元気になってもらえたらうれしいの。

もう完全にこれは自己満足とエゴの世界なんだけど、なぜ自分が仕事をしてるかって言うと、誰かのしあわせの役に立つためだと、あたしは思ってるのね。

あたし、ゲイでしょ。

日本だと結婚できないし、子どももいないし、養子を取るわけでもないわ。もう40も超えて、人生の折り返し地点を過ぎて、自分の人生でなにが残せるのかなぁって考えたら、世の中によいことをすることじゃないのかしらって思うのね。

でもこれって、ゲイに限らないわ。たくさんの相談を受けてきて思うけど、世の中にはいろんなひとがいて、いろんな人生があるもの。

開き直りとかでもなくて、どういう形であれ、最後にこの世にバイバイする時に、たくさんの笑顔が残せてよかった、あは。って逝きたいじゃない。

あたしはその選択のひとつとして、自然体で誰かのしあわせの役に立つということを大切にしてるの。

もちろん、自分が書いてて楽しいからってのが一番だけどね。

うふふ。

この本は、専門書でもなんでもない。

特別なことが書いてあるわけでもない。

でも、なにか迷ってるひとに少しでも役に立てばいいし、ちょっぴりクスッと笑ってもらえて、そっと背中を押すことができたなら、あたしはとってもうれしいわ。

読んでくれて、本当にありがと♡

＊最後に
本文中では、本当はあたしの敬愛する方々全員に敬称をおつけしたかったの。でも大変心苦しいところなのですが、文章の流れとして全員敬称略とさせていただきました。

［著者］
堀ママ（ほりまま）
漢方薬剤師
出雲大社参道で約100年続く老舗漢方薬局の4代目。体の不調の解消だけではなく、本人の抱える常識や執着といった束縛からの「心の解放」を終着点としている唯一の漢方薬剤師。西洋医学、漢方医学、心理学の3つの視点からの総合的なアプローチを行っている。薬局には地元島根はもとより全国、海外からも相談があり、不妊、婦人科疾患、うつ、ダイエット、自律神経失調症など心と体の悩みの相談件数は5万件を超える。
ゲイであることも活かして女性に共感されやすいSNSやブログ(アメブロ読者2万5000人)の投稿を行っている。とくに、オネエキャラで投稿するインスタグラム「堀ママ」@hori_mama_の支持が厚く、わずか1年で13万人フォロワーを獲得。
別名義での著作として、「血液サラサラ」から「血流」に健康本の流れを変えた『血流がすべて解決する』26万部ほか、『血流がすべて整う食べ方』『血流がすべて整う暮らし方』(以上、サンマーク出版)のシリーズは累計38万部突破。血流、婦人科の専門家としてテレビ、雑誌等の取材多数。

自分を傷つけながら生きるなんて、あんたどれだけドMなの？

2020年12月１日　第１刷発行
2020年12月17日　第２刷発行

著　者——堀ママ
発行所——ダイヤモンド社
〒150-8409　東京都渋谷区神宮前6-12-17
https://www.diamond.co.jp/
電話／03･5778･7233（編集）　03･5778･7240（販売）

装丁･本文デザイン——轡田昭彦＋坪井朋子
企画協力——ブックオリティ
校正————鷗来堂
製作進行——ダイヤモンド・グラフィック社
印刷————八光印刷（本文）・ベクトル印刷（カバー）
製本————ブックアート
編集協力——落合恵
編集担当——土江英明

ISBN 978-4-478-11086-7